私の好きな料理の本

高橋みどり

新潮社

まえがき

夫にもらった1冊の本、それが『食道楽《しょくどうらく》』でした。昔、夫が骨董店で修業していたころ、どこぞのお宅から買い取った古い箪笥の中にあったのだそうです。古い生活道具からは時々こうした忘れものがでてくるらしい。奥方ならば帯や襟、袖の内側から、へそくりなどがでてくることもあるといいます。

たまたま手元に巡ってきたこの本を、私はまったく知りませんでした。くれた本人も、食という文字がついているから、食いしんぼうのほうへ譲ってくれただけのことだったのだと思います。でも、この本との出会いは私にとって大きなものでした。

仕事はと問われれば、スタイリストと答えます。食まわりの、と付け加えて。食いしんぼうだし、器好きが高じて、と説明することもあります。いちばん多いのは料理本――料理家やプロの調理人、シェフの方々の料理の作り方を紹介、解説する本に関わること。具体的には、料理に合う器や布などを揃え、著者の個性を引き出す。同時に、著者、編集者、カメラマンと一緒になって、この本がいつまでも愛される本になるにはどうすればいいかを考える。ターゲットになる読者層は？　1冊の流れはどうしよう？　この本によって、料理をつくる、おいしさを味わう、その楽しさを知る、しあわせになる、そんな本を作りたいと思って、20年あまりが経ちました。

数々の本を作り出すうちに、疑問がでてきます。わかりやすさってなんだろう？　読者に親切な本ってどういう本だろう？　写真って必ずどんな本にも必要なんだろうか？　などなど。そんなことを考えている時に、手元に『食道楽』が舞い込んできたのです。

最初は、昔から料理に関する本はあるよね……くらいの気持ちでパラパラめくっていたのですが、すぐにその食べものの描写に引き込まれることに。調べてみると、『食道楽』は明治の新聞小説で、1年間毎日連載されていたもの。たいへんな人気で、のちに単行本化され、ベストセラーになったらしい。あの当時は、この本に出てくるハイカラな料理は夢のようなものだったのだろうけれど、それでもいつかは食べてみたい、いや、いっそのこと今晩自分で作ってみようかしら——そんなふうに手のとどきそうな食の夢をみるのはさぞや楽しかったことでしょう。

『食道楽』に出会って以降、古い料理本に自然と目がいくようになりました。いいなと思う本が多いし、時代を飛び越えて一読者になることで、自分の仕事を客観的に見ることにもつながる。料理がおいしそう、文章がおもしろい、装丁がすてき、惹かれる理由はさまざまですが、いい本だなあと思うのは、ひとつは料理への愛にあふれた本。そういう本が読者の心を打ち、料理の楽しさや大切さを教えてくれるのだと思います。ちょっと青臭いことを言うようだけれど、料理も、家庭で作る料理に関してはとくに、お茶を淹《い》れるにしても、出汁《だし》ひとつとるということにしても、おいしくなれよと愛情をもってのぞむことが、おいしさにつながると信じています。

古い料理本との出会いを重ねるなかで、いい料理本って何？　ということや、料理の本との付き合い方について、あらためて考えてみたいと思うようになりました。実際に料理を作って味わったり、作り手や食の世界に関わる人たちにお会いしたり。というわけで、この本では、いままでためこんだ〝食の宝庫〟を1冊1冊ひもときながら、そこに引き込まれてしまったナゼをすこしだけおひろめし、おいしさのおすそわけをしたいと思います。

『私の好きな料理の本』 もくじ

2 まえがき

はじめての味

10 料理すること、食べること

村井弦斎『増補註釈　食道楽』 全4巻　明治36～37年　報知社出版部
崔智恩『崔さんのおかず』 平成21年　小学館
レザ・ラハバ『家庭で楽しむペルシャ料理』 平成21年　河出書房新社

14 日置武晴さんに聞く 料理写真に必要なもの

Martha Stewart, *Martha Stewart Living*, 1990-
『家庭で出来る和洋菓子』 大正15年　婦人之友社
「ドニチエフ」 2000年第4号　アシェット婦人画報社

18 長尾智子さんの料理地図

『世界の料理』 全21巻　昭和47～53年　タイム ライフ ブックス
「週刊朝日百科　世界の食べもの」 全140冊　昭和55～58年　朝日新聞社
長尾智子『わたしとバスク』 平成18年　マガジンハウス

22 ひたむきな料理 高山なおみさんと東佐與子さん

東佐與子『婦人新書Ⅰ　世界の馬鈴薯料理集』 昭和24年　中央公論社
高山なおみ『高山なおみの料理』 平成15年　メディアファクトリー
高山なおみ『じゃがいも料理』 平成17年　集英社

26 オムレツ修行

ナルシサ・チェンバレン　辻調理師学校フランス料理研究室訳『オムレツの本』 昭和45年　柴田書店
石井好子『巴里の空の下オムレツのにおいは流れる』 昭和38年　暮しの手帖社

30

マダム斎藤とチーズ

クリスチャン・プリュム　松木脩司訳『チーズの本』
昭和54年　柴田書店
『チーズ図鑑』
平成5年　文藝春秋

34

スパイスの伝道師
桐島龍太郎さんと
レヌ・アロラさん

桐島龍太郎『スパイスの本』
昭和36年　婦人画報社
レヌ・アロラ『私のインド料理』
昭和58年　柴田書店
レヌ・アロラ『決定版　レヌ・アロラのおいしいインド料理』
平成23年　柴田書店

38

フォークが
滑稽だったころ

春山行夫『食卓のフォークロア』
昭和50年　柴田書店
春山行夫『食卓の文化史』
昭和30年　中央公論社

42

ウー・ウェンさんの
強さの源

『中国名菜集錦』
全9巻　昭和57年　主婦の友社
ウー・ウェン『ウー・ウェンの北京小麦粉料理』
平成13年　高橋書店

46

ジャケ買いの楽しみ

Simple Hawaiian Cookery,
Peter Pauper Press, 1964
Esquire Cookbook, Crown Publishers, 1955
CO-OP 25th Anniversary Menu Book,
Consumers Cooperative of Berkeley, 1962

50

細川亜衣さんの
舌の記憶

カゴメ株式会社企画編集
『大きなトマト　小さな国境』
昭和54年　講談社
米沢亜衣『イタリア料理の本』
平成19年　アノニマ・スタジオ

家の味

56

石田千さんに聞く「食べものの話」

本山荻舟『舌の虫干し』
昭和25年　朝日新聞社

黒田初子『料理のこころ』
昭和29年　明玄書房

久永岩穂『味つけ人生』
昭和31年　逓信文化社

石田千『きんぴらふねふね』
平成21年　平凡社

62

おいしいごはんさえあれば

宮田孝次郎『珍味佳味　飯と漬物嘗物三百種』
昭和3年　萬里閣書房

辻嘉一『味噌汁三百六十五日』
昭和34年　婦人画報社

酒井佐和子　河野貞子　吉沢久子『お茶漬けとおにぎり』
昭和35年　中央公論社

66

家の味

江上トミ『私たちのおかず』
全5巻　昭和32年　柴田書店

浜田ひろみ『日本人の食卓　おかず2001』
平成10年　NHK出版

70

デザイナー・若山嘉代子さんの仕事

澤崎梅子『家庭料理基礎篇（改訂版）』
昭和27年　婦人之友社

婦人画報社編集局編『おいしいおすしとお弁当』
昭和32年　婦人画報社

「奥様手帖」
昭和31〜平成9年　味の素サービス

74

昔ながらのごはんが食べたい

塚崎進『日本人の食事　日本人の生活全集1』
昭和31年　岩崎書店

御所見直好『日本の味―里料理ごよみ―』
昭和53年　木耳社

78

ふるさとの味
『たべもの東西南北』
昭和29年　日本交通公社
『日本の食生活全集9　聞き書　栃木の食事』
昭和63年　農山漁村文化協会

82

缶詰の思い出
『料理の栞』
昭和3年　日魯漁業株式会社
浅見安彦『缶詰百科』
昭和51年　柴田書店

86

あこがれのホルトハウス房子さん
ホルトハウス房子『私のおもてなし料理』
昭和47年　文化出版局
東佐與子『フランス式魚貝料理法』
昭和26年　中央公論社
レオン・ドーデほか　大木吉甫訳
『美食随想――ブリヤ＝サヴァランに捧ぐ』
昭和48年　柴田書店

90

第二のおふくろの味
土井信子『しゅんの料理BOOK　うちのおかず』
全12巻　平成2〜3年　主婦の友社
有元葉子『娘に贈るわたしのレシピ』
平成10年　主婦と生活社
高峰秀子『台所のオーケストラ』
昭和57年　潮出版社
沢村貞子『わたしの献立日記』
昭和63年　新潮社
講談社編『向田邦子の手料理』
平成元年　講談社

プロの味

96

福田浩さんに聞く江戸の料理本
醒狂道人何必醇 輯『豆腐百珍』
天明2年　春星堂藤屋善七
福田浩ほか『豆腐百珍』
平成20年　新潮社

100

間口一就さんに聞く
ハイボールとつまみの秘密

小山雅之『ドリンクス』
昭和7年　菓業経済社

酒井佐和子『酒の肴』
昭和34年　婦人画報社

間口一就『バーの主人がこっそり教える味なつまみ』
平成21年　柴田書店

104

金塚晴子さんと
和菓子の時間

『京菓子講座』
昭和33年　製菓実験社

カメラ・葛西宗誠　文・大久保恒次
『フォトあまカラ帖』
昭和39年　三和図書

金塚晴子『ほーむめいど和菓子』
平成9年　文化出版局

108

おいしさを
はぎとるように
柴田書店の本づくり

竹林やゑ子『洋菓子材料の調理科学』
昭和55年　柴田書店

大原照子『私の英国菓子』
昭和60年　柴田書店

112

河田勝彦さんの書斎から

Jules Gouffé, *Le Livre de Pâtisserie*,
Hachette, 1873

Émile Darenne, Émile Duval,
Traité de Pâtisserie Moderne,
Flammarion, 1974/1909

河田勝彦『河田勝彦の菓子　ベーシックは美味しい』
平成14年　柴田書店

116

櫻井信一郎さんの
シャルキュトリーへの挑戦

Sélectionnées par Curnonsky,
Recettes des provinces de France,
Les Productions de Paris, 1959

Michel Poulain, Jean-Claude Frentz,
Le Livre du Charcutier, Jacques Lanore, 1991

櫻井信一郎『レストランのシャルキュトリー』
平成22年　柴田書店

120

蕎麦屋で一杯

多田鉄之助『蕎麦漫筆』
昭和29年　現代思潮社

池波正太郎『食卓の情景』
昭和48年　朝日新聞社

124

料理の本と出会う場所

126

私が手がけた料理の本

はじめての味

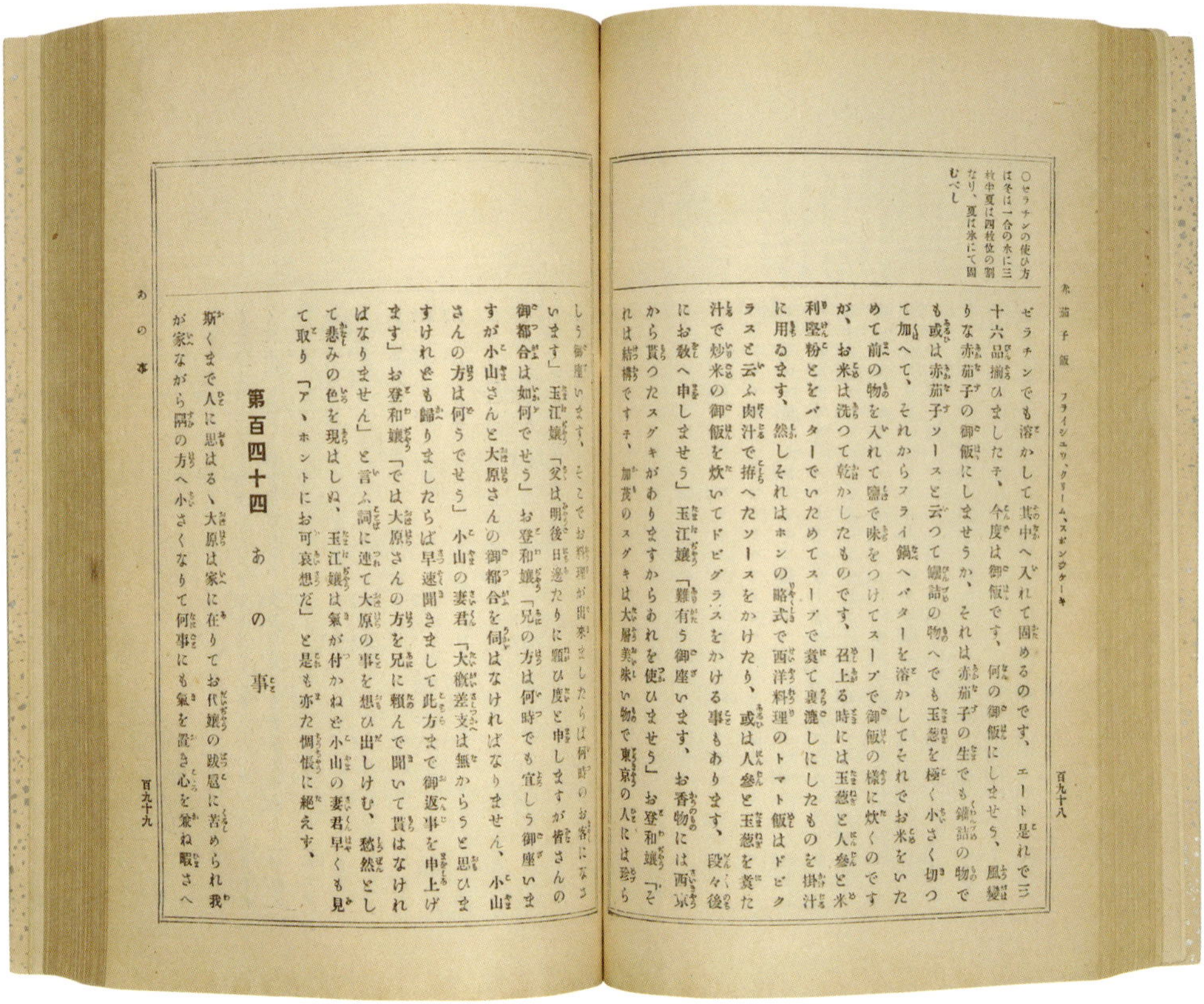
赤茄子飯　フライシユウ、クリーム、スポンジケーキ

○ゼラチンの使ひ方は冬は一合の水に三枚中夏は四枚位の割なり、夏は氷にて固むべし

ゼラチンでも溶かして其中へ入れて固めるのです、エート是れで三十六品揃ひましたネ、今度は御飯です、何の御飯にしませう、風變りな赤茄子の御飯にしませうか、それは赤茄子の生でも鑵詰の物でも或は赤茄子ソースと云つて鑵詰の物へでも玉葱を極く小さく切つて加へて、それからフライ鍋へバターを溶かしてそれでお米をいためて前の物を入れて鹽で味をつけてスープで御飯の樣に炊くのですが、お米は洗つて乾かしたものです、召上る時には玉葱と人參と米利堅粉とをバターでいためてスープで煮て裏漉しにしたものを掛汁に用ゐます、然しそれはホンの略式で西洋料理のトマト飯はドビクラスと云ふ肉汁で拵へたソースをかけたり、或は人參と玉葱を煮た汁で炒米の御飯を炊いてドビグラスをかける事もあります、段々後にお教へ申しませう」玉江孃「難有う御座います、お香物には西京から貰つたスグキがありますからあれを使ひませう」お登和孃「それは結構ですネ、加茂のスグキは大層美味い物で東京の人には珍ら

百九十八

しう御座います、そこでお料理が出来ましたらば何時のお客になさいます」玉江孃「父は明後日邊たりに願ひ度と申しますが皆さんの御都合は如何でせう」お登和孃「兄の方は何時でも宜しう御座いますが小山さんと大原さんの御都合を伺はなければなりません、小山さんの方は何うでせう」小山の妻君「大概差支は無からうと思ひますけれども歸りましたらば早速聞きまして此方まで御返事を申上げます」お登和孃「では大原さんの方を兄に頼んで聞いて貰はなければなりません」と言ふ詞に連て大原の事を想ひ出しけむ、愁然として悲みの色を現はしぬ、玉江孃は氣が付かねど小山の妻君早くも見て取り「アヽホントにお可哀想だ」と是も亦た惆悵に絶えず、

第百四十四　あの事

斯くまで人に思はるゝ大原は家に在りてお代孃の跋扈に苦められ我が家ながら隅の方へ小さくなりて何事にも氣を置き心を兼ね暇さへ

あの事　百九十九

料理すること、食べること

村井弦斎
▼『増補註釈　食道楽』全4巻
明治36～37年　報知社出版部
お気楽な明治のグルメ本とでも言おうか。でも出てくる料理は春夏秋冬の4巻で600を超えます。ドタバタな人間模様と料理の絡みが可笑しい。

最近、2冊の料理本に出会いました。1冊は崔智恩《チェチウン》さんの『崔さんのおかず』、もう1冊はレザ・ラハバさんの『家庭で楽しむペルシャ料理』。近ごろは新刊の料理本を買うことはめったにないんですが、本屋さんで崔さんのトマト鍋と、レザさんの豆カレーのレシピを読んで、これは作らなきゃ！とひさびさに思ったのでした。トマト鍋は素材の取り合わせに、豆カレーはシンプルなスパイスの組み合わせに惹かれたのですが、作ってみたら信じられないくらいおいしくって、自分にこんなにおいしいものが作れるなんて、とほんとにうれしかった。これまで数えきれないくらいの料理本をスタイリングしてきましたが、トマト鍋や豆カレーの味に涙しながら、あらためて思ったんです。私はこういう楽しさを人に伝えたくて、いままでこの仕事をしてきたんだと。

　料理の本は生活を楽しくするための道具のひとつだと思うんです。むしゃくしゃする日だって、ひとりぼっちでつまらない日曜だって、料理本を開いて、よし、今日はこれを作ろうと思えばそれで一日楽しく過ごせたりするものです。ちょっと足をのばしていいスーパーで食材を買って、ついでに料理に合うお酒を選んで、お腹をすかせるためにジムに行く。大げさと思われるかもしれませんが料理をつくること、食べることは生き甲斐にだってなる。人は食べなきゃ生きていけないわけですが、でも食べる意味はそれだけじゃない。いまでこそ多くの人がそう考えていると思いますが、そんな料理の楽しさや奥深さ、大切さを、涙あり笑いあり色恋ありの小説仕立にして説いた本が、なんと明治時代にありました。村井弦斎《げんさい》という人が書いた『食道楽』です。

　食に一家言ある中川兄妹が、友人、親戚、ついにはやんごとなき子爵様まで巻き込んで料理談義を交わすという、まあ簡単に言うと明治の『美味《おい》しんぼ』ですね。ボリュームはありますが、あっという間に読めます。

　単に料理を紹介するだけでなく、掛け軸1本買うくらいならよい鍋を一式そろえなさいとか、安全新鮮な食材の見分け方とか、台所の衛生問題の話とか、明治の食事情がわかるのもおもしろい。載っている料理もこんなのが明

▼崔智恩
『崔さんのおかず』
平成21年　小学館

▼レザ・ラハバ
『家庭で楽しむペルシャ料理』
平成21年　河出書房新社

自分の中に知識や経験のない料理を、本を見ながら作るのは料理本の楽しみ方のひとつ。実験みたいな感覚で。

治に!? というのが多くてびっくりします。ブリスケのサラダ、塩豚、仔牛の脳みそのフライ、冷しコーヒー、チーズスフレ……。タピオカなんて私はつい10年くらい前に知ったような気がするんですが、これもちゃんと出てきます。炭入りのビスケットにはさすがにぎょっとしましたが。プデンはプディングかな? ターツ? ああタルトね、なーんて表記が現代とちがうので、なんだろうと思いをめぐらすのも一興。ちょっと説教くさかったり、考え方が封建的すぎるところもありますが、弦斎さん自身の食べることへの興味や啓蒙意識はさすが。食をおろそかにする人は大成しないとか、料理は夫婦和合の妙薬だとか、とてもあの時代の男の人の言葉とは思えません。登場人物たちの恋のゆくえも気になるところ。きっとみんな毎日わくわくしながら新聞がくるのを待っていたんだろうな。

　料理本は実用のものだから、基本的に時代とともに古くなり、忘れられてしまうものですが、あらためて昔の本を見てみると料理本の作り手として学ぶことはけっこうあります。なにより読んでいると料理欲がかき立てられる。というわけで『食道楽』のなかから赤茄子飯と蕪のスープ、レモンのゼリーを作ってみました。赤茄子飯はチーズのないドリアみたいな感じ。スープとゼリーは素材の味がダイレクトに伝わるやさしい味でした。載っているレシピはわりとアバウトなので、すこしアレンジしていますが、思っていた以上においしくできたので、どうぞおためしください。

『食道楽』よりレモンのゼリー。酸味が効いてピリッとさわやかな味。

▶レモンのゼリー

❶板ゼラチンを水に漬けて10分ほどおく。❷鍋に1合の水を入れ砂糖を加えて火にかける。煮立ったら❶のゼラチンを入れて溶かし、レモン汁も加えて布巾で漉して容器に入れて冷まし、冷蔵庫で冷やし固める。

『増補註釈 食道楽』より

赤茄子飯

2〜3人分

▼米2合 ▼トマトソース（よく熟したトマトをザク切りにして裏漉し。冬は缶詰で）大さじ5 ▼玉ねぎ½個 ▼バター大さじ1 ▼牛または鶏のスープ3合 ▼塩、こしょう少々

❶ 米2合は洗って乾かしておく。

❷ 玉ねぎはみじん切りにする。

❸ 鍋にバターを入れ溶かし、米を加えてよく炒める。❷とトマトソースを加えてなじませ、スープを注ぎ、塩、こしょうをしてご飯と同じ要領で炊く。お焦げをつくるとなおよし。

❖これだけで充分おいしいけれど、玉ねぎと人参のみじん切り、小麦粉をバターでよく炒めてスープで煮て裏漉ししたソースをつくり、ご飯にかけていただくと、よりいっそうおいしい。

蕪のスープ

2人分

▼蕪4個 ▼牛または鶏のスープ1合 ▼塩少々

❶ 蕪は皮をむいて小さく切って水で柔らかく煮る。

❷ 水気を切った蕪を裏漉しし、スープを加えて10分ほど煮て、塩で味つけする。

❖火からおろす直前に卵の黄身1個を入れ手早くかきまぜる、というのが正しいレシピでしたが、生卵が苦手な私はついこれを忘れました……。きっと入れるとマイルドなやわらかい味になるのでしょうね。でも、なくてもスッキリとした、蕪の甘さがひきたつスープでした。

OPPOSITE: Oil-cured olives fill a crusty farmhouse bread with rich, pungent aromas. THIS PAGE: Yellow potatoes, fontina, and sautéed onions are spiked with tangy Gaeta olives in this rustic layered torta.
71

日置武晴さんに聞く料理写真に必要なもの

Martha Stewart
Living
entertaining
growing poppies
slipcovers
cooking with Olives
garden
Summer

Martha Stewart
Living
Spring
simple cakes
violets
sunday brunch

Martha Stewart
▼*Martha Stewart Living*
1990-
1990年にアメリカで創刊された人気雑誌。私のスタイリングの教科書でした。いま見ても内容、レイアウト、ビジュアルと全部がステキ。上は1993年6・7月号より。

『家庭で出来る和洋菓子』は大正15年の刊行で、レシピと写真が載ったシンプルな料理本です。写真と言ってもモノクロなので料理のかたちがわかる程度。見ても「おいしそう！」とはなりません。じゃあカラーになるとどうかというと、昭和の料理本も今から見るとのっぺりとしていてなんだか……。料理写真が写真としても美しく、おいしそうに見えるようになるのは、そんなに昔のことではなかったようです。昔はストロボもなくて、自然光で撮るという発想もなかったから、電球の下で4×5《しのご》のカメラでカッチリ撮るしかなかった——というのは、じつはカメラマンの日《ひ》置《おき》武《たけ》晴《はる》さんが教えてくれたこと。日置さんと私は、なんというか、戦友みたいなもの。ああでもないこうでもないと議論しながら、今日まで数え切れないくらいの料理撮影の現場を共にしてきました。

スタイリストという仕事をしようと思いはじめた頃、まじまじと料理本を見て思ったのは、なにかヘン、ということでした。食卓に桜の枝が横たえられていたり、ちぐはぐな器が並んでいたり。「大変！　これなんとかしないと！」と思ったものの、写真家の大先生が現場を仕切っていて、じっさい私みたいな駆け出しが主張を通せるような雰囲気ではありませんでした。洗いたてのクロスを敷いてごはんを食べる感じを演出したいと洗いざらしの布を持っていけば、テープでテーブルにピシッと張られ、薄い布を持っていけば意味あり気なドレープをつけられる。もっと違うようにやってみたい——そんなもやもやもあって、一時雑誌の仕事から離れましたが、しばらくして戻ってくると、料理の本や記事がわんさかあふれる時代になっていました。平成4年ころのことです。

同じ頃に出会ったのが、アメリカのカリスマ主婦マーサ・スチュワートさんの雑誌「Martha Stewart Living」。洗いたての布、食べかけのパン、夕方の光……そこには自分がやりたいと思っていた世界のすべてがありました。毎号アメリカから取り寄せては「やられた！」の連続。スチュワートさん自身はその後インサイダー取引で有罪というミソがついてしまいましたが、当時の「Living」はいまでも私の先生です。美容院に外国人モデルの写真を持っていくように、撮影現場に「Living」を抱えていきましたっけ。いま思うと我ながら本当に失礼なことをしたものです……。でもそれほど自分のイメージを伝えるのに必死で、わかってほしいという思いが強かった。

そんなときに、知り合いの編集者に「おもしろい写真を撮ってる人がいる」と引き合わされたのが日置さんでした。日置さんはフランス旅行中の食事の写真を持って、売り込みに行ったのだそうです。食事の写真と言っても

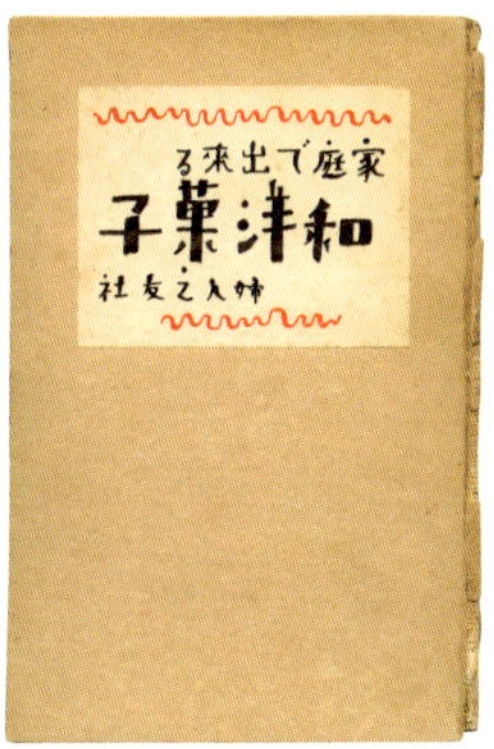

▼『家庭で出来る和洋菓子』
大正15年　婦人之友社
大正・昭和のロングセラー。ハイカラなお菓子がたくさん載っている。ロールケーキはローリングスポンジとして登場。

自分が食べている途中の料理や、食べ終わったあとの写真。

「その頃強く思っていたのは、食べものを食べものらしく見せたいということ。ほんとの食事とまでいかなくても、もっと臨場感とか時間の流れを感じさせる料理本ができないものかと思っていた」

と日置さん。日置さんも当時やはり「Living」を見ていたそうです。

料理本の最盛期、1990年代の半ば頃ですが、ふたりとも年に15冊くらいのペースで仕事をしていました。「ドニチェフ」という雑誌でもよくご一緒していましたっけ。マンネリにならないようにと、毎晩のように議論していました。もっともいまふり返って自分のスタイリングを見ると、布が主張しすぎていて料理がまずそうだったりするんですが……。日置さんも、以前は自分を出さないと目立たないんじゃないか、新しいことをしないと飽きられるんじゃないかという不安があったとか。

「でもいま思うのはひとつだけです。結局は料理なんだってこと。作った人がその料理のどこを見せたいのかということをきちんと理解して、そこだけ守れば、カメラマンの個性も写真の新味も必要ない。あたりまえのことだけれど、いろいろやってきたからこそ、自信を持ってそう言える」

米沢（細川）亜衣さんの『イタリア料理の本』［51頁］は、近年の日置さんの渾身の1冊です。料理に寄った写真がぐっとこちらに迫ってくる。日置さんは「料理に力があれば本当はほかにはなにもいらない。それをこの本で証明したかった」と言っていました。私も同感。たとえば料理をよりおいしそうに見せるために器を選んだり、雰囲気の出る小物を置いたりするけれど、それらは究極のところ写真に写っていなくてもかまわない。考えてみれば、写真は料理本の絶対条件ではないんですよね。図版が白黒写真でもイラストでも、料理の名前やレシピだけで十分おいしさが伝わる本もある――これも昔の料理本から学んだことのひとつですが。だからぶれた手順写真や、おしゃれなだけの雰囲気写真なら、ないほうがいいと思う。いまは10年前と違って、料理本のような手間とお金のかかる本は簡単には出せない時代です。だったら私は雰囲気だけの本よりも、本当においしいものを、間違いなくおいしく再現できる、そんな料理本を作りたいと思っています。

▼「ドニチェフ」
2000年第4号　アシェット婦人画報社
日置さんとよく一緒に仕事をした雑誌。コンセプトは「土日はシェフになろう」で、看板料理家は有元葉子さんでした。

『家庭で出来る和洋菓子』より

安く出来る「ワッフル」

▼砂糖120g ▼卵小2個 ▼バター小さじ1 ▼水飴大さじ1 ▼薄力粉90g ▼重曹小さじ½ ▼水45cc

❶ボウルに砂糖と水飴を入れ、よく混ぜる。水飴は、瓶から垂らし、水で濡らした手で扱うと千切りやすい。

❷バターを入れ混ぜ合わせ、溶き卵を少しずつ加えてよくすり混ぜる。

❸薄力粉に重曹を合わせて❷にふるい入れ、よくこねて、水を少しずつ様子をみながら加える。ちょうど〈とろゝの薄いのくらゐ〉になるように。

❹熱したワッフル型に油を塗り、❸の種を流しこみ、中火で焼く。

❺表面の水分が乾いてきたら端を楊枝でつまみ上げ、焼き面がきつね色になっていたら裏返し、軽く水分をとばして型からおろす。

❻元の向きに直し、クリームやジャムをはさんで二つ折りにする。温かいうちに蓋のついた器に入れて蒸らすと、しっとりと柔らかみがつく。

❖本の通りの分量だと30個できてしまうので、半量で作ってみました。

クリーム

▼牛乳90cc ▼薄力粉10g ▼卵黄小2個 ▼砂糖50g ▼バター少々 ▼バニラオイル3滴

❶鍋に卵黄と砂糖を入れ混ぜ合わせ、次に薄力粉を裏ごし器でふるい入れ、よく練る。牛乳を少しずつ加えてよい加減にゆるめてバターを混ぜる。

❷❶の鍋を弱火にかけ、木杓子をねかせるようにもち、クリームを絶えず底から離すように混ぜながら煮る。クリームが仕上がったら火を止め、バニラオイルを加え混ぜ冷ます。

❖レシピでは香料は「レモン油」でしたが、今回はバニラオイルで代用。こちらも半量で作りました。

VIII

とり肉：鶏から野鳥まで

アメリカの大統領選で、わが党の候補者が当選したら、国中の家庭の食卓に鶏が1羽ゆきわたるような世の中にするという変わった公約を掲げた政党があった。人間の食欲にたくみに訴えたこの戦術は、1928年に初めて考えだされたものではない。すでに数百年前、フランス王であったナヴァールのアンリ4世が似たような考えを、真から庶民の生活を思いやって述べたことがある。あるとき、鶏のスープ鍋プール・オー・ポを食べ終えた王は、せめて1週間に1度、日曜日ぐらいは農民が鶏のスープを食べられるようにしてやりたいものだ、といった。アンリ4世の場合は王冠をいただき、年ごとの選挙のための人気とりを考える必要はなかったが、王の暖かい心は政治に反映された。

王者の料理というべきこのプール・オー・ポは、今日でも16世紀当時とまったく同じ方法で作られ、フランスのどの地方にもあり、しかもその土地の鶏を使った地方料理ともなっている。丸々と太った鶏に豚肉のソーセージと薬味草を詰め、野菜といっしょにスープで煮込んだもので、単純でありながら王者にふさわしい料理である。フランスのプール・オー・ポの上品で豊かな風味と比べると、イギリスでビクトリア王朝時代から伝えられている鶏のシチューの味は格段の差がある。ビクトリア朝のころのイギリスでは、フランス流のぜいたくは虚飾であり、無意味なものとみなされて、かたくなに否定されていた。鶏にしても、料理には盛りをすぎたもので十分だとされた。ビクトリア女王は、ヨーロッパじゅうの政治からヘアスタイルに至るまで、大きな影響を及ぼしたが、幸いにもフランス料理にだけは、ほとんど影響を与えなかった。

フランスでは、鶏に詰め物をする場合も、しない場合も、プール・オー・ポを作るときはたっぷりの水でゆっくりと煮込む。煮終わったら、鶏と野菜は皿へとりわけて、スープを飲んでいる間さめないようにしておく。それから鶏を切りわけ、バターとクリームを使ったノルマンディ風ソースや、スープと卵をベースにした何種類ものソースをかけて食べる。

アンリ王の料理を応用したものはほかにも無数にあり、地方によってさまざまに変化している。いずれにせよ、盛りをすぎた筋の多い鶏ではなく、上等の

119

フランス南部バスク地方の小さな村ペイルオラードでは、木曜日に市がたち、家禽類や狩の獲物を生きたままで売っている。老婦人の足もとにおいてある5羽のあひると籠にはいったうさぎは、逃げられないように足を縛ってある。

長尾智子さんの料理地図

▼『世界の料理』全21巻
昭和47〜53年　タイムライフブックス
函入りのぜいたくな作りながら、料理の背後にある情景が満載で親しみやすい。別冊でリング式のレシピブックがついています。

長尾智子さんは私がとても尊敬する料理家です。年下にもかかわらず、この人のアドバイスにはいつも素直に頷いてしまう。ごはん炊いているときに蓋をあけて水を足しちゃったり、スープの仕上げに大きなチーズをドボンと入れたり、大胆なところもかっこいい。

「よく、それでいいんだ！　って驚かれます。でもいいも悪いも、自分で味見してよければそれでよし、変だと思えば味を足すなり、次にべつのやり方にするなり考えればいいだけ。本はアイデア集とかヒント集みたいに思えばいいんじゃないでしょうか。材料を選ぶのも調理するのも自分なのだし、場所も道具も自分のものを使うのだから、あくまで主体は自分だと思わないと、おかしなことになってしまう」

　そんな長尾さんに、影響を受けた料理本は？　とたずねたら、タイム　ライフ　ブックスの『世界の料理』シリーズと、週刊朝日百科の「世界の食べもの」シリーズのふたつを挙げてくれました。『世界の料理』は、もともとはアメリカで出たもの。最近私も神田の古書店街で「フランス料理」篇をみつけて、とてもいい本だなあと思っていたら、長尾さんはちゃんと全巻揃いでお持ちでした（うらやましい）。外国の料理について何か知りたいと思ったら、まずこのふたつを見るのだそうです。

「一見料理には関係ないような写真が、すごくおもしろい。このバスク地方のおばあさん［右頁］とか。意味としてはあってもなくてもいいようなものなのですが、でも、そんなところから人々の暮らしが垣間見える。旅をして、食べ物と暮らし方はすごくリンクしているんだということが実感としてわかったから、料理本でもその土地の暮らしぶりが少しでも見られるというのは貴重だと思います」

　15年くらいまえ、料理本がどっと出たころに、外国の料理を紹介する本もたくさん出ましたが、どうも上っ面をなぞっているだけのようなものが多かった。料理も人間がつくるものだから、その背景にある暮らしを知るのは大事だよなあと、いまなら思います。

　長尾さんの料理は私の舌にない味が多くて、思いもかけないようなスパイスの使い方をすることがあります。カレー料理じゃないのに、カレー粉をひとつまみだけ隠し味に使ったり。子どものとき家でどんなものを食べていたのかたずねてみたら、いたってふつう

▼「週刊朝日百科　世界の食べもの」全140冊

昭和55〜58年　朝日新聞社

こういう毎週届く雑誌がいま、またほしいと思う。気軽なグルメ雑誌じゃなくて、食べ物の本質をちゃんととらえる雑誌。

の家庭のごはんという答えでした。店屋物も外食もほとんどなし、お母さんがつくってくれるごはんを食べて育ったとか。とすると、長尾さんのいまの料理は本で知ったり、旅先で食べたりした味がもとになっていることになるのだけれど、どうやって自分のものにしていくんだろう……それをずっと聞きたいと思っていました。

「その料理がなにが中心になってつくられているのかというのを、まず考えます。たとえばバスクはフランスとスペインにまたがる地域で、ここの料理のなかには日本の家庭料理の定番になりうるものもたくさんあると思うのですが、とはいえ現地のものをそのまま持ってくるのはむずかしい。アショワという代表的な煮込み料理の場合、ポイントは粗く刻んだ仔牛肉と唐辛子の粉なんです。肉はふつうの挽肉でも、ほぐれないようにざっくり混ぜることで近いものができる。それから途中で入れる唐辛子の粉は、辛みを出すためではなくて、だしのような役割をしているんですね。韓国唐辛子なら日本のものより辛みが穏やかで甘みがあるので代用できるかなと。地元の料理上手なおばあちゃんがつくるところを見せてもらったのですが、とっても大雑把。でもこの挽肉の調理のコツと唐辛子を入れるタイミングさえ間違えなければ、材料は多少違っていても大丈夫なんです。反対に、そこを押さえていないと、似て非なるものができてしまう」

そういえば長尾さんは、地図をこよなく愛する、自称「地図子」さん。30代のころ、仕事仲間たちとよく海外へ旅行していたのですが、そのときから長尾さんは「自分が世界のどこにいても、どっちを向いているのか知っていたい」と言って、いつも地図を見ていました。地図音痴の私には思いもつかない発想でしたが……。

「自分を中心にしてまわりを見るかどうかじゃないでしょうか。自分がぐるぐるまわると中心がなくなるから、道に迷いやすい」

なるほど、長尾さんのそういうところは、長尾さんのつくる料理にも絶対に影響していると思います。しっかりと自分の地図を持っていて、現在地も目的地もきちんとわかっている。私がいつも長尾さんのアドバイスを「ハイ」とありがたく聞いてしまうのも、そういう、人に惑わされないところを信頼しているからなのです。

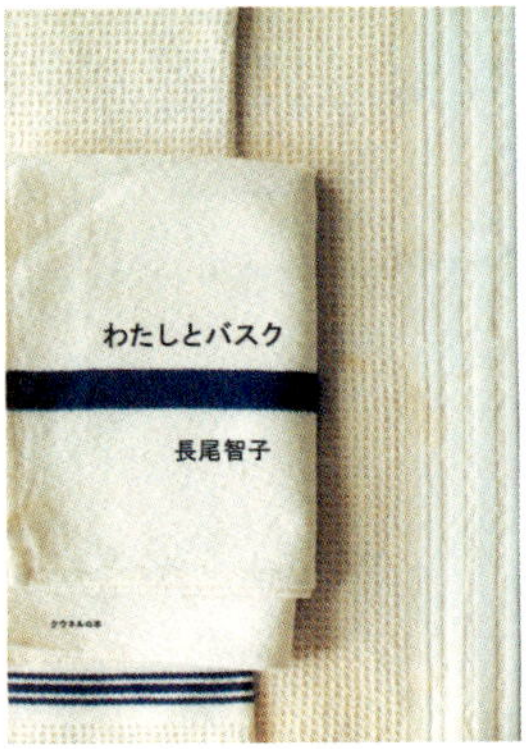

長尾智子
▼『わたしとバスク』
平成18年　マガジンハウス
興味のあることに真剣に向き合うのが長尾さん。バスクのこともちゃんと現地へ行き納得した上で紹介する、長尾さんらしい1冊。

『世界の料理 フランス料理』より

ソーセージ入りポテトサラダ
Saucisson Chaud à la Lyonnaise

2～3人分

▼ポークソーセージ約250g ▼じゃがいも4個 ▼チキンストック大さじ2 ▼ワインビネガー大さじ2 ▼塩少々 ▼マスタードの粉末少々 ▼オリーブオイル50cc ▼スカリオンのみじん切り大さじ1 ▼パセリのみじん切り大さじ2

❶じゃがいもは皮をむき一口大に切る。鍋に湯を沸かし塩を加え、じゃがいもが煮崩れしない程度に、蓋をせずに煮る。

❷ソーセージは竹串などで5～6カ所穴をあけ、フライパンに並べて、かぶるくらいの水を入れて蓋をせずに中火でゆでる。

❸じゃがいもが煮えたらザルにとって水気をきり、ボウルに移す。じゃがいもが温かいうちに、温めたチキンストックをかけて1～2度静かに振り、味がなじむまでしばらくおく。

❹小さなボウルにワインビネガー、塩、マスタードの粉末を入れて混ぜ、❸にかけて再び静かに振り、しばらくおく。調味料が浸みたらオリーブオイルを入れ、スカリオンとパセリを散らす。

❺❷のソーセージの水気をきり、食べやすい大きさに切る。皿に❹を盛り、ソーセージを並べる。

❖長尾さんが料理するかたわらで私もお手伝い。スカリオンって？と疑問に思っていたら長ネギの一種と判明。『世界の料理』には、代わりにわけぎを使ってもよいとありましたが、「エシャロットや玉ねぎでもいいと思う」と長尾さん。

ひたむきな料理
高山なおみさんと
東佐與子さん

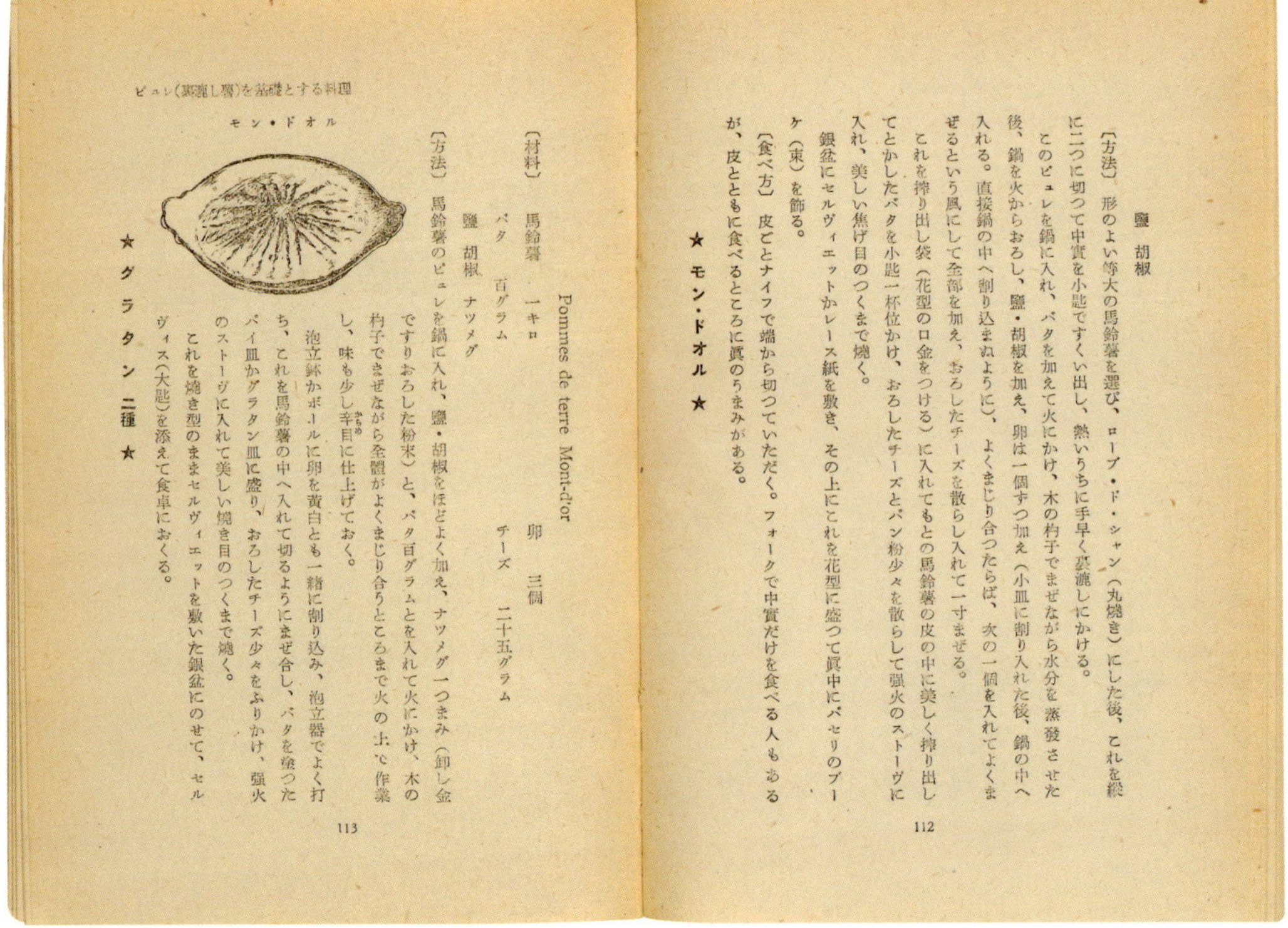

鹽　胡椒

〔方法〕　形のよい等大の馬鈴薯を選び、ロープ・ド・シャン（丸燒き）にした後、これを縦に二つに切つて中實を小匙ですくい出し、熱いうちに手早く裏漉しにかける。

このピュレを鍋に入れ、バタを加えて火にかけ、木の杓子でまぜながら水分を蒸發させた後、鍋を火からおろし、鹽・胡椒を加え、卵は一個ずつ加え（小皿に割り入れた後、鍋の中へ入れる。直接鍋の中へ割り込まぬように）、よくまじり合つたらば、次の一個を入れてよくまぜるという風にして全部を加え、おろしたチーズを散らし入れて一寸まぜる。

これを搾り出し袋（花型の口金をつける）に入れてもとの馬鈴薯の皮の中に美しく搾り出してとかしたバタを小匙一杯位かけ、おろしたチーズとパン粉少々を散らして强火のストーヴに入れ、美しい焦げ目のつくまで燒く。

銀盆にセルヴィエットかレース紙を敷き、その上にこれを花型に盛つて眞中にパセリのブーケ（束）を飾る。

〔食べ方〕　皮ごとナイフで端から切つていただく。フォークで中實だけを食べる人もあるが、皮とともに食べるところに眞のうまみがある。

★　モン・ドオル　★

112

ピュレ（裏漉し薯）を基礎とする料理

Pommes de terre Mont-d'or

〔材料〕　馬鈴薯　一キロ　　卵　三個

バタ　百グラム　　チーズ　二十五グラム

鹽　胡椒　ナツメグ

〔方法〕　馬鈴薯のピュレを鍋に入れ、鹽・胡椒をほどよく加え、ナツメグ一つまみ（卸し金ですりおろした粉末）と、バタ百グラムとを入れて火にかけ、木の杓子でまぜながら全體がよくまじり合うところまで火の上で作業し、味も少し辛目《からめ》に仕上げておく。

泡立鉢かボールに卵を黄白とも一緒に割り込み、泡立器でよく打ち、これを馬鈴薯の中へ入れて切るようにまぜ合し、バタを塗つたパイ皿かグラタン皿に盛り、おろしたチーズ少々をふりかけ、强火のストーヴに入れて美しい燒き目のつくまで燒く。

これを燒き型のままセルヴィエットを敷いた銀盆にのせて、セルヴィス（大匙）を添えて食卓におくる。

モン・ドオル

★　グラタン　二種　★

113

東佐與子
▼『婦人新書Ⅰ 世界の馬鈴薯料理集』
昭和24年　中央公論社

日本の食を馬鈴薯料理により豊かにしていきましょうという戦後の本。じゃがいも料理ばかり約80種で、かなりシャレた料理も。

東佐與子《ひがしさよこ》さんの『世界の馬鈴薯料理集』を見たときにまっ先に思い浮かんだのが、料理家の高山なおみさんでした。理由は単純で、高山さんの著書に『じゃがいも料理』という本があるから。だからなんとなく高山さんを頭に思い浮かべながらこの本を読んだのですが、これが……。なんというかくどい！　肝心のレシピに入るまでがえんえん40ページ。〈幼き生命を過去の日本の食体系で育った日本人よりも偉大な心身にしたい〉とか〈食物は、宇宙霊の人類に対する愛の表現物である〉とか……正直ちょっと嫌気がさして、途中で放り投げたくなりました。でもその後、この本の復刻版（『仏蘭西式馬鈴薯料理集』）を見て、考えが改まりました。

原著は昭和24年、つまり戦後の貧しいころに出され、復刻版は56年、つまり日本がすっかり豊かになったころに出されました。復刻時すでに東さんは亡く、復刻版は東さんをよく知る人が監修して再編集したもののようです。くだくだしい序論は巻末にまわされ、文体は読みやすく改められています。序論は、戦後の貧しい食事環境や衛生事情のなかで暮らす人々にとって必要なものであって、56年の人々にはもう不要だったのかも。逆に24年には、あのくらいの意義づけを示さないと、料理本なんて出版できなかったのかもしれません。略歴を見ると、東さんは大正時代にはじめて女性の政府留学生としてパリに行き、コルドン・ブルーで学んでいます。そんなふうに思い直して読み返していたら、東さんと高山さんが頭の中ですんなりつながったのです。ふたりともいい意味でしつこい。

高山さんとは高山さんがレストランのシェフをしていたころからのお付き合いです。高山さんの転機となった『高山なおみの料理』のスタイリングもさせてもらったし、『じゃがいも料理』のときなどは、フランス取材に自腹でくっついて行ったりしました。高山さんと仕事をするときは、まず打合せの時に高山さんがスタッフみんなにどんな本にしたいかという見取り図を見せてくれます。紙袋を開いた裏かなにかにわーっと本のイメージが書いてあるんですが、まずそこがしつこい。さらに最終のレシピを書くときも相当練るらしく、撮影の時のビデオを見直

▼高山なおみ
▼『高山なおみの料理』
平成15年　メディアファクトリー
▼『じゃがいも料理』
平成17年　集英社
料理に対して、そして素材に対して、真摯な姿を感じる高山さんの2冊。『じゃがいも料理』はちょっと立ち止まってこれからを考えていたときの高山さんと、一緒にフランスに行って生まれた本です。

したりして、ときには試作からやりなおすのだとか。

「ほんとうにこの表現で読者に伝わるか、しつこく考えます。読者が料理にするっと入りやすいように音のリズムを考えつつ、どんどん言葉をそぎ落としていくんです」

　高山さんのミニマルな方向性は言葉だけではなくて料理にも表れています。

「新鮮な素材に塩をするくらいの、手をかけない料理。そんな料理の根本みたいなことをやってみたくて、それでじゃがいもを選びました。そのあと同じ気持ちの流れで2冊出して、いま料理本づくりはひと休み。またやりたいことが見えてきたら再開しようと思っています」

　高山さんは『世界の馬鈴薯料理集』を読んで、昔の料理本のほうがよほど自由に作られているな、と感じたそうです。

「レシピなのに、単なる作り方の枠をこえていて、まるで随筆を読んでいるみたい。きちんと言葉が尽くされていて、フランスで学んだことを日本の主婦に全部伝えきりたい!という熱い思いが伝わってきます。たとえばパセリのみじん切りひとつにしても、軸を揃えて、葉の先端からきちんと刻むようにと教えます。四方八方に包丁で叩いては本来の味を損なうと。やってみると、たしかに味がいい気がします」

　どれだけ言っても言い足りない、そんなもどかしい思いがあふれている本。

最初に読んだときはくどいなあと思った言葉も、考えてみれば、よく戦友・日置武晴さんと、ちょっとハズカシイナと思いながらも、「結局料理は愛だよね」なんて言い合ったりしているのと同じなのでした。巻末にある「台所箴言《しんげん》」の6番目、〈料理とは、宇宙の美と愛とを、食者に伝える芸術である〉——うんうん、そうだよなあ。いまの世の中そんなことを言っても鬱陶しがられるし、そういう思いをストレートに訴えたりしないだけで、東さんと私たちは、じつは向いている方向は同じなのかもしれない。私も仕事をしていてこれまで何度「くどい、しつこい」と言われたことか……。いま、この人と料理本を作れたら、なんだかものすごくいいものができる気がします。

▶シャトー

❶小粒のじゃがいもをかぶるくらいの水でゆで、グラッときたらざるに上げる。❷オーブンに入れられる厚手の鍋にバターを熱し、溶けたところで❶のじゃがいもを加える。塩をほどよく加え、鍋を上下に振り動かして、バターをまぶしつけるようにする。❸180度に温めておいたオーブンに❷を入れ（フタはしない）、途中で鍋を振って上下を返しながら、やわらかくなるまで40分ほど焼く。❹刻んだパセリを加え、鍋を振ってまぶしつける。❺お皿にシャトー（城）のように積み上げて盛りつける。

『婦人新書Ⅰ
世界の馬鈴薯料理集』より

モン・ドオル

▼じゃがいも1kg ▼バター100g ▼卵3個 ▼溶けるタイプのチーズ（おろす）ひとつかみ ▼ナツメグ、塩、こしょう適量

❶じゃがいもをよく洗って皮ごと蒸し器に入れ、やわらかくなるまで蒸す。

❷じゃがいもは熱いうちに皮をむき、すり鉢でなめらかにつぶす。

❸厚手の鍋に❷をうつし入れ、バターを加えて弱火にかける。木べらで全体がよくなじむように混ぜる。火をとめて塩を加え混ぜ、しっかりめに味をつけておく。

❹ボウルに卵を割り入れ、泡立て器で打ちつけるようによく混ぜる（白身と黄身が一体化するまで）。

❺❸の鍋に❹の卵をいちどに加え、切るようにして混ぜこむ。ナツメグをすりおろし、こしょうをひく。

❻あらかじめバターを塗ったグラタン皿に盛り、表面をなだらかにならして、放射状に波模様をつける。チーズをふりかけ、250度に温めておいたオーブンで美しい焼き目がつくまで焼く。

❖今ならきっと生クリームをたっぷり入れるところ、卵を3つ。焼あがりのどこか懐かしい味はこの卵のせい（だと思う）。この日料理をしてくれた高山さんは、後日、レシピも現代風に書きあらためてくれました。

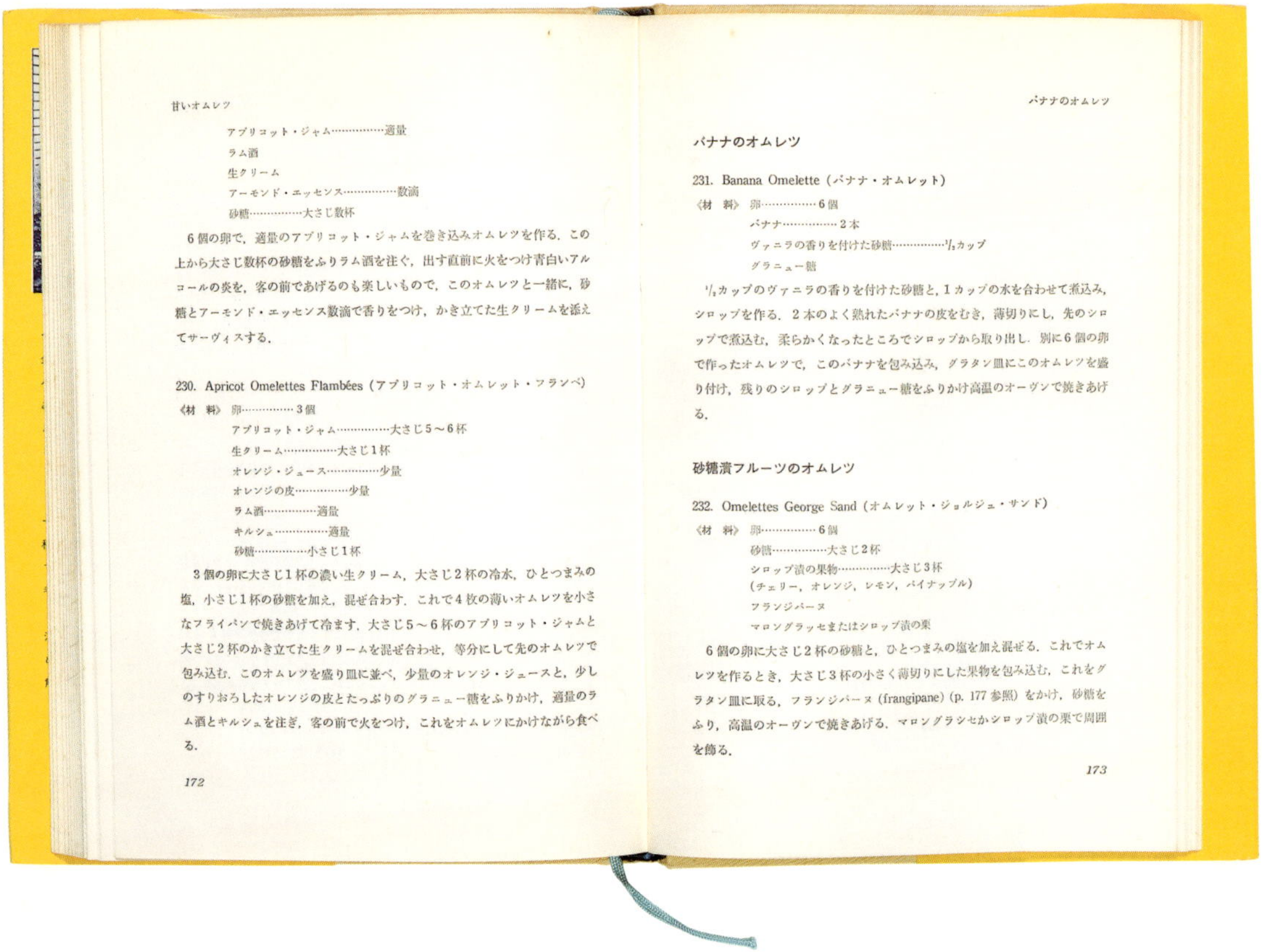

甘いオムレツ

アプリコット・ジャム……………適量
ラム酒
生クリーム
アーモンド・エッセンス……………数滴
砂糖……………大さじ数杯

6個の卵で，適量のアプリコット・ジャムを巻き込みオムレツを作る．この上から大さじ数杯の砂糖をふりラム酒を注ぐ，出す直前に火をつけ青白いアルコールの炎を，客の前であげるのも楽しいもので，このオムレツと一緒に，砂糖とアーモンド・エッセンス数滴で香りをつけ，かき立てた生クリームを添えてサーヴィスする．

230. Apricot Omelettes Flambées（アプリコット・オムレット・フランベ）

《材　料》卵……………3個
アプリコット・ジャム……………大さじ5～6杯
生クリーム……………大さじ1杯
オレンジ・ジュース……………少量
オレンジの皮……………少量
ラム酒……………適量
キルシュ……………適量
砂糖……………小さじ1杯

3個の卵に大さじ1杯の濃い生クリーム，大さじ2杯の冷水，ひとつまみの塩，小さじ1杯の砂糖を加え，混ぜ合わす．これで4枚の薄いオムレツを小さなフライパンで焼きあげて冷ます．大さじ5～6杯のアプリコット・ジャムと大さじ2杯のかき立てた生クリームを混ぜ合わせ，等分にして先のオムレツで包み込む．このオムレツを盛り皿に並べ，少量のオレンジ・ジュースと，少しのすりおろしたオレンジの皮とたっぷりのグラニュー糖をふりかけ，適量のラム酒とキルシュを注ぎ，客の前で火をつけ，これをオムレツにかけながら食べる．

172

バナナのオムレツ

バナナのオムレツ

231. Banana Omelette（バナナ・オムレット）

《材　料》卵……………6個
バナナ……………2本
ヴァニラの香りを付けた砂糖……………$^{1}/_{2}$カップ
グラニュー糖

$^{1}/_{2}$カップのヴァニラの香りを付けた砂糖と，1カップの水を合わせて煮込み，シロップを作る．2本のよく熟れたバナナの皮をむき，薄切りにし，先のシロップで煮込む，柔らかくなったところでシロップから取り出し．別に6個の卵で作ったオムレツで，このバナナを包み込み，グラタン皿にこのオムレツを盛り付け，残りのシロップとグラニュー糖をふりかけ高温のオーヴンで焼きあげる．

砂糖漬フルーツのオムレツ

232. Omelettes George Sand（オムレット・ジョルジュ・サンド）

《材　料》卵……………6個
砂糖……………大さじ2杯
シロップ漬の果物……………大さじ3杯
（チェリー，オレンジ，レモン，パイナップル）
フランジパーヌ
マロングラッセまたはシロップ漬の栗

6個の卵に大さじ2杯の砂糖と，ひとつまみの塩を加え混ぜる．これでオムレツを作るとき，大さじ3杯の小さく薄切りにした果物を包み込む，これをグラタン皿に取る，フランジパーヌ (frangipane)（p. 177 参照）をかけ，砂糖をふり，高温のオーヴンで焼きあげる．マロングラシセかシロップ漬の栗で周囲を飾る．

173

オムレツ修行

▼ナルシサ・チェンバレン
『オムレツの本』
辻調理師学校フランス料理研究室訳
昭和45年　柴田書店
たかがオムレツ、されどオムレツ。オムレツばかりでナント300種類。果物やチョコレートを使った「甘いオムレツ」も。

いやあ、まさかこの年になって卵嫌いが克服できようとは！

　ちょうど1年前、オランダのホテルの朝食で、ハムやチーズなどとともにサーブされたゆで卵。食事の中でそれだけがあたたかく、なんだかおいしそうかも？と思ったのがきっかけでした。卵に対してそんな気持ちになったのははじめてだったので、このチャンスを逃してなるものかと、帰国後さっそくゆで卵づくりに励みました。

　正確には、食べられないのは生、あるいは生に近い状態の卵で、シッカリ固まった卵は大丈夫。茶碗蒸しや厚焼き玉子、プリンはむしろ好きなくらいなのです。レストランなどで「苦手な食材はありますか？」と聞かれて「生卵」と即答するたびに、食いしん坊のくせに恥ずかしいなと思っていました。いつだったか食材別の料理本シリーズに関わっていて卵のときだけは試食できない料理があり、落ち込んだこともありました。とはいえダメなものはやっぱりダメで、これまで克服しようという気はさらさら起きず……。言いわけをすると、小さい頃に、友達のおじいちゃんがひねりたての鶏をさばくところをおもしろがって見たことがあって、たぶんそれからです、生の卵が気持ちわるくなったのは。最初はよかったのですが、お腹からタマゴ状のものが出てきたあたりから気分がわるくなり……。以来生っぽい卵は一切口にしなくなりました。

　ですからここでご紹介する『オムレツの本』も、いままでだったら絶対に手にすることのなかった本なのです。オランダでの〝おいしい〟記憶があったおかげで、ゆで卵のつぎはオムレツだな、と克服欲（?）に火がつき、古本屋さんで買い求めたのでした。目下この本片手に、とろりおいしいオムレツをつくるべく修行中。

　著者のナルシサ・チェンバレンさんはアメリカ人。写真家でマサチューセッツ工科大学教授という経歴をもつ旦那さんとヨーロッパ各地をたずね、郷土料理を研究したそうです。紹介されているオムレツは、プレーンなタイプのものだけで、「プレーン・オムレット」「ムースリーヌ・オムレット」「ジャーマン・オムレット」「イタリアン・フリッタータ」「オムレット・フォンダント」「オムレット・スーフ

石井好子
▼『巴里の空の下オムレツのにおいは流れる』
昭和38年　暮しの手帖社
くいしんぼうの石井さんの目を通してのおいしいものの数々と、そのシーンとエピソード。バターの匂いや食卓に流れる音もいっしょに漂ってくるかのよう。

レ」と6種類あり、これに野菜、きのこ、肉、魚介などを組み合わせて、しめて300種。個人的には具は1種類が好みなので、「胡椒のオムレツ」や「ケイパーのオムレツ」「アンチョヴィのオムレツ」などに目がいきます。「アーモンドとりんごのオムレツ」や「バナナのオムレツ」なんていうスウィート・オムレツも食べてみたいなあと、読めば夢も広がるのですが、まずは基本のオムレツから。

〈すばらしいオムレツを作るには、まず新鮮な卵と良質のバターが必要であり、練習につぐ練習と、よく慣れたフライパンと、何よりもオムレツに対する自信を持つことである〉と『オムレツの本』にはあるものの、肝心のフライパンを持っていないので、夫がしまいこんでいた古い小さな鉄のフライパンを拝借することに。〈卵をかき混ぜ過ぎたり、かくはん器を使ったりしてはいけない。卵の生命であるこしが無くなってしまうからである〉という教えに忠実に、フォークを使って卵をかき混ぜ、バターを加えたフライパンに投入。しかしなにが悪かったのか、卵が焦げついてぼろぼろに。よくよく読むと、〈フライパンを急激に熱したり、バターが焦げるぐらい熱すると、オムレツがひっつくので、それはいけない〉、〈数滴の油をバターと一緒に入れると、ひっつくのを防ぐことができる〉とある。なるほどと、ふたたびチャレンジ。何度かくり返すうちにそれらしく焼けるようになり、なんだか楽しくなってきた。

同書によれば、オムレツはシンプルな料理だけに世界各国で昔から愛されており、「オムレツを述べるのにまる1冊の本がほしい」と言った知識人や120個の卵を使った具だくさんのオムレツを宮殿でつくらせたフランスの公爵、古い卵でつくったオムレツを好んだ哲学者（デカルトです）など、数々のエピソードに彩られている。そういえば日本にも石井好子さんの『巴里の空の下オムレツのにおいは流れる』という名著がありましたね。以前読んだときにはふわふわのオムレツにときめく気持ちにまったく共感できなかったけれど、いまならその感じ、すこしはわかるような気がします。

溶きほぐすときも焼くときも、卵はフォークで混ぜるべし。
18センチのフライパンには卵2個がちょうどいい感じ。

『オムレツの本』より

プレーン・オムレット

Plain Omelette

▼卵2個 ▼バター大さじ½くらい ▼油少々 ▼牛乳大さじ1 ▼塩、こしょう少々

❶ボウルに卵を割り入れ、牛乳、塩、こしょうを加えて、フォークで混ぜ合わせる。

❷フライパンに軽く油をひき温め、バターを加える。バターが少し色づいたら卵を流し入れ、フォークでかき混ぜる。

❸半熟状態になったら、卵をフライパンの手前半分に折りたたんでまとめる。

❹フライパンから滑らせるように皿に盛りつける。

❖付け合わせにアスパラ菜のオイル煮をつくりました。青菜のオイル煮、おすすめです。作り方→できれば密閉度の高い重たい鍋に、ざく切りにした青菜を入れ、水を½カップほど注ぎ、おいしいエキストラバージンオリーブオイル（これが肝心）を2〜3まわりかけ入れ、自然塩を少々ふる。蓋をして弱火でじっくり蒸し煮にする。菜の花などちょっと苦みのあるくらいの青菜が好み。少しくたっと柔らかめに煮ると、オムレツとの相性がいいみたいです。

マダム斎藤とチーズ

フォンデュ。作り方は290頁。
写真はセルジュ・ピリー。

作り方

バターを溶かし、小麦粉を加えて、弱火に約20分間かけて（あるいはもう少し長く）炒め、塩、こしょう、牛乳を加えて、シューだねの生地のかたさくらいになって、キャセロールの内側から離れるようになるまで、たえずかき回しながら、そのかたまりをこね上げる。次に5コの全卵を1つずつと、チーズ、ハムを入れてゆく。一方パイ生地を伸ばし、10 cmの四角形に切り分ける。その四角形のパイ生地の中央に、上のこねたものを大さじにたっぷり1杯のせて、四すみを中央に折り曲げて、その上に四角のパイ生地をはり合わせる。卵黄を溶いてこれにぬり、中火のオーヴンに約25分間入れる。この作り方はアンティーブにある「ラ・ボンヌ・オーベルジュ」というレストランの得意の料理の1つで、この店の好意によって本書に紹介された。

La《ラ》 Fondue《フォンデュ》 Classique《クラシック》

チーズ・フォンデュ

材　料（1人分）

チーズ ……………………150 g
辛口の白ブドウ酒 ……………1 dl
小麦粉、ニンニク、キルシュ、こしょう
パン ……………………200 g

作り方

1人前に150 gのチーズ、即ちエメンタール、グリュイエール、コンテ（あるいはこれらの中から2～3種類を混ぜ合わせる）などを用意する。あまり多量のフォンデュを作らないほうがいい。4人前以上を作る場合には、2～3コの小鍋を用意する。

フォンデュ用のカクロン（即ち土製の小鍋であるが、アルミニウムの鋳物の小鍋で代用できる）に、前もってニンニクの1片をこすりつけておき、そこに薄く切ったチーズを入れ、辛口で軽い白ブドウ酒でチーズをすれすれにおおい、平均に混じり合ったクリーム状のかたさになるまで、木製のスパテルでかき回しながら、中火にかけておく。最初にぶつぶつ煮たってきた時に、少量の水またはキルシュで溶いたちょっぴりの粉またはでんぷんでつなぎをつける。これにたっぷりこしょうをかけ、好みによっては、少量のおろしたナツメッグとキルシュを小グラスに一杯加える。もしフォンデュが濃すぎたならば、スパテルで静かにかき回しながら、生ぬるくしたブドウ酒を少し混ぜ合わせる。また柔らかすぎたならば、やはりスパテルでかき回しながら、ブドウ酒で溶いた粉を少し混ぜ合わせる。

炎の調節できるこんろの上にのせて食卓に出し、食べている間にフォンデュがたえず静かに煮えているように、炎を高く出しておく。大きなパンカゴに、1人前125 gから200 gのパンを、大きな角切りにして入れておく。各人がフォークでパンをつきさして鍋の中に入れ、パンにチーズがしみ込み、またフォンデュが十分どろっとしているようにかき回す。

290　291

クリスチァン・プリュム
▼『チーズの本』
松木脩司訳　昭和54年　柴田書店
ナチュラルチーズがまだ特別だったころの本。チーズの歴史や料理など。絵画の中に描かれているチーズが興味深い。

はじめて食べたチーズ、覚えているでしょうか？　私はたぶん、給食のチーズ。あの石けんみたいな四角い「プロセスチーズ」です。おいしくなかったなあ。そのせいか長いことチーズへの興味がわかず、ずいぶんもったいないことをした、とあとになって思ったものでした。

　はじめてパリのチーズ屋さんに入ったときの感動はいまでも忘れません。すこし湿った空気のなかに生きたチーズのよい香りが立ちこめる店内は、まるで菌が舞っているかのようでした。その後、食の仕事にどっぷり浸かるようになり、チーズはとても身近な食材になりました。最近は日本でもチーズ専門店が珍しくなくなりましたが、じゃあ日本人の生活にチーズが根ざしているかといえば、どうもそんなふうには見えません。チーズの歴史も、食べる必然性もない日本の食卓では、採り入れるのはなかなかむずかしいようです。スーパーで大袋に入った「とろけるチーズ」を見るたびに、「プロセスチーズ」と同じ、なにかまちがったチーズの食べ方を教わっているようで落ち着かない気持ちになります。このあいだもそんな気持ちで「とろけるチーズ」を眺めていると、そういえば、溶けるチーズの代表料理、チーズフォンデュをまだ食べたことがないということに気づきました。気づいたら無性に食べたくなり、そうとなったら頼るべきはこのお方しかいません。日本チーズ界の「マダム」こと、斎藤節子さんです。

　フランスを中心とした10余年におよぶ海外生活を経て東京に帰ってきたマダム斎藤は、平成3年、ナチュラルチーズ専門店「フェルミエ」に店長として就職します。

「いざ日本で働こうと思ったら、私、ふつうの仕事にぜんぜん向いてなかったのよ。それにナチュラルチーズに飢えていたから、チーズにつられて店長になったようなものね」

　そう言ってマダムは豪快に笑うのですが、本場の味と食べ方を熟知しているマダムは「フェルミエ」にはぴったりの人材。かくいう私も、マダムのいる「フェルミエ」でチーズのほんとうのおいしさ、奥深さを教えてもらいました。ハードタイプのチーズに目覚めたのもマダムのおかげ。いまやコンテ

▼『チーズ図鑑』
平成5年　文藝春秋
私のチーズ・バイブル。「なんとなくおいしい」に、知識の裏付けが加われば、よりおいしく楽しくなる。

とボーフォールは我が家の冷蔵庫に欠かせないものになりました。

　さて、ここでとりあげる『チーズの本』は昭和54年、つまりマダムが日本を出たころに出版された翻訳本です。チーズの歴史から種類、レシピが、豊富な写真や資料とともに載っています。

「フランスではじめてブルーチーズを食べたときはほんとに驚いたわ。だって当時日本には、ブルーチーズには刻みパセリが混ぜてある、なんて書いた本があったのよ」

　とマダム。渡仏してマダムは、パーティの最後に、毎日の食事に、赤ちゃんの離乳食にと、フランスの食卓にいかにチーズが欠かせないものかを知ったと言います。そんな環境で、マダムは料理本を買い求め、知人に教えを乞いながら、チーズ料理も覚えていったそうです。だからマダムのチーズフォンデュは本場仕込み。もともとはスイス発祥の家庭料理で、レストランで出るものではないから、私も食べる機会を今日まで持てないでいました。

　マダムには『チーズの本』のレシピを見ていただいた上で、「マダム流のチーズフォンデュを」とお願いしました。「チーズはグリュイエールとエメンタールが基本。グリュイエールをちょっと多めにするとコクが出るのよ」とか、「チーズフォンデュに使うワインは辛口のムスカデがいちばん合うと思うわ」といったコツを聞きながら、ダイス状にカットされたグリュイエールとエメンタールを味見させてもらいます。そうそう、かつて「フェルミエ」をおとずれては、こんなふうにマダムの蘊蓄《うんちく》に耳を傾けながら、いろいろ試食させてもらいましたっけ。「フェルミエ」がすばらしいのは、いまも昔も、きちんと試食をさせてくれるところです。食べ頃、食べ方、合わせるワインも、聞けば丁寧に教えてくれます。ちなみに、私が最初に買ったチーズの本は「フェルミエ」のカリスマ社長、本間るみ子さんも関わっている『チーズ図鑑』という本でした。こちらもいい本。ただ、チーズ文化を持たない私たちがいきなりこの手の本を読んでも、すぐにはピンとこないかも。まずはチーズ屋さんに通い、ひとおりのチーズの味を舌で覚える。本を読むのはそれからでも遅くはありません。

　マダム手製のチーズフォンデュは、お酒のきいた案外すっきりしたお味でした。途中でブルーチーズを投入したのにはびっくりしましたが、「まろやかなタイプなら大丈夫」とかで、これがまたおいしかった。寒いうちにもう一度、家でチーズフォンデュ、やってみようと思います。

〈すぐにグリュイエールのことを頭に浮かべないで、チーズ入りのパイ、クロケット、カナッペ、その他のフォンデュ類の話がどうしてできようか〉とは、プリュム氏のことば。左がそのグリュイエールチーズで、右はエメンタールチーズ。

斎藤節子さんのレシピより

チーズ・フォンデュ

4人分
▼グリュイエールチーズ330g
▼エメンタールチーズ300g
▼白ワイン（辛口）500cc ▼コーンスターチ大さじ1 ▼キルシュ少々 ▼にんにく1片 ▼こしょう少々

＊

▼食パン½斤 ▼人参2本 ▼かぶ小4〜5個 ▼ブロッコリー小1株 ▼マッシュルーム20個

❶ まずフォンデュに使うパンと野菜の下準備をする。食パンはすこし大きめの一口大に切る。人参とかぶは皮をむいてやはり一口大に切り、ブロッコリーは小房に分け、少しかために塩ゆでする。かぶは好みで生でも。マッシュルームは汚れを取りのぞく。

❷ グリュイエール、エメンタールチーズは1cm弱のダイスに切って、コーンスターチをまぶしておく。

❸ 鍋の内側ににんにくの切り口をしっかりこすりつけて香りをつけ、白ワインを入れて火にかける。しばらく熱してアルコール分を飛ばし、❷を少しずつ入れ、木べらや菜箸などで絶えず混ぜながら溶かしていき、最後にキルシュを加え、こしょうをふる。

❹ 鍋のままテーブルに出しキャンドルやアルコールランプなどの弱火にかけ、串にパンや野菜を刺してチーズをからめて食べる。焦げないように鍋底から時々かき混ぜる。

❖本場スイスではチーズはひとり200gが標準らしいけれど、「日本人には150gで十分よ」とマダム。

❖味に変化をつけたいときは、ゴルゴンゾーラピカンテチーズ（30〜50g）とナツメグ少々を加えるのがマダム斎藤流。最後に、おなかに余裕があれば、残った鍋にワインか水を足してゆるめ、パンの残りをちぎって入れ、おかゆのようにしていただきます。

色でみせるスパイス

ます。飲料、特にエッグ・ノッグやモルテッド・ミルクには、ナツメグの粉を一つまみふりかけて下さい。

最後にナツメグの語源ですが、これはドイツ語を見れば一目瞭然「麝香果」です。

色でみせるスパイス

スパイスという以上、香りが生命であるのは勿論ですが、色彩的にも大いに貢献しようというのは……

サフラン

(学名) Crocus sativus L. (アヤメ科)

(英) Saffron サッフロン

(仏) Safran サフラン

春の花壇を紫や黄色の可愛らしい花でかざる、クロッカスという球根植物を御存知でしょう。これの一品種で、秋に花を咲かせる種類の雌蕊を摘んで香料としたのがサフランです。

図でごらんの通り一本の草から雌蕊は三本しか採れません。それを一本一本手で摘むのです。サフラン一ポンドに雌蕊二十二万五千個必要です。だからサフランはスパイスのうちで一番高価です。但し、幸なことに、ほんの僅かで充分な効力を発揮します。

サフランは一種独得な香りに、快よい苦味を伴いますが、それにも増して重要なのはその色です。サフラン・ティー（茶の葉の代りにサフランでいれたお茶）をファンシー・ロールやビスケットに加えてごらんなさい。

エキゾチックな香りとともに、鮮かな黄金色に染め上げてくれます。

サフランを使う料理にはスペインのアロズ・コン・ポロ（スペイン風チキン・ライス）があります。サフランは米の料理によく用いられるのです。また、有名なマルセーユ名物の魚貝鍋、ブイヤベースはサフランが無いと出来ません。

サフラン

地中海方面の原産の植物で、現在はスペインで多く栽培されています。昔は黄色染料に使われ、しかも高価な高級染料でしたから、ヨーロッパ各地で盛んに栽培されていましたサフランの偽造品を売って火アブリの刑に処せられたなどという話も伝っております。しかし合成のアニリン染料が出来てからは、染料としての価値は無くなってしまいました。なお古代ギリシャではサフランの黄金色がローヤル・カラーとして尊重されておりました。

うこん（鬱金）

(学名) Curcuma longa L. (ショウガ科)

(英) {Turmeric ターメリック / Curcuma カーキュマ

熱帯アジア原産の多年草で、丈は半メートルに達し、白あるいは黄色の美しい花を咲かせます。観賞用の園芸品種もあります。その根茎を乾燥したものがターメリック。漢方でいう姜黄です。根茎は大体生姜くらいの大さですが、形はちがい、芳香もあることはあるが生姜とは全然ちがうし、辛味もあまりありません。クルクミンという黄色色素を含むので、香辛料というよりむしろ着色料として重要です。なにしろカレー粉の黄色はこのターメリックなのですから、その方の需要だけでも相当なものです。またプリペアード・マスタード（壜詰のねり芥子）にも入れられますし、その他サフランの代用として着色に用いられます。日本では沢庵漬の着色という特殊な用途もあります。薬効は止血。昔は絹や綿布の染料にも用いられていました。

パプリカ

(学名) Capsicum frutescens L. var. grossum Bailey

(英、ハンガリー) Paprika パプリカ

(西) Pimenton ピメントン

パプリカは辛くない種類の唐辛子の粉で

うこん

サフラン

61

60

スパイスの伝道師 桐島龍太郎さんとレヌ・アロラさん

▼桐島龍太郎
『スパイスの本』
昭和36年　婦人画報社

日本人にとってなかなか馴染みのないスパイス。〈なあに、すこし練習すれば一通りのことなら会得出来るでしょう。りくつでなく感覚で会得して下さい〉だそうです。

インド人料理研究家のレヌ・アロラさんの東京の家は、いつもスパイスの香りに満ちています。クミン、コリアンダー、レッドペパー、ターメリック、サフランなどなど。家だけでなく、カレーのにおいのしないサリーは1枚もないとのことで、ご本人はというと、「私、歩くカレーなの」と冗談をおっしゃるようなお茶目で魅力的な方です。

もともと私もインド料理は好きだったので、それまでもあちこちで食べてはいましたが、アロラさんの料理はなにかが違いました。カレーごとに味わいがぜんぜん違うし、どれだけ食べても食べ飽きない。組み合わせ次第でスパイスってこんなに広がるのか、とたちまちアロラさんのスパイスの魔法にかかってしまったのでした。

ちょうど同じころ桐島龍太郎さんの『スパイスの本』に出会い、こちらは桐島さんの軽妙な文章センスに脱帽。スパイスの歴史はもちろん、退屈になりがちな個々の説明も、ちゃんと読ませます（右頁写真の文章、字がこまかいですが、目を凝らして読んでみてください。雰囲気は感じていただけるはずです）。ただ、ひとつ残念なのが、〈全然風土を異にする我が国では、本場のカレーなどあくまでもお話として承知していればいいのです〉と、インド料理をあっさり切り捨ててしまっているところ。まあしかし、それが時代というもの。『スパイスの本』は昭和36年の刊行ですが、アロラさんが日本に来た45年頃（1970年代）でさえ、日本人には、「インドカレー＝辛い」というくらいの認識しかなかったというんですから。

アロラさんはインド西部のムンバイ（ボンベイ）の出身です。ご主人の仕事の都合で来日し、ひょんなことから東京で料理教室をはじめることになり、いまもつづいています。教室では、インドではふだんあまり食べない生野菜を取り入れたり、屋台料理を教えたり、日本人に受けいれられやすい内容を工夫しているそうですが、味はかたくなにインド風。先日、アロラさんが新しく出す料理本の撮影にうかがったとき、編集の人が時代に合わせて油を少なめにとリクエストしたのですが、「それは間違っている」とおっしゃって、分量どおりのものと、油を少なくしたものと、2種類作ってくれました。結果はご想像のとおり。油をたっぷり使っ

▼レヌ・アロラ『私のインド料理』
昭和58年　柴田書店

▼『決定版 レヌ・アロラのおいしいインド料理』
平成23年　柴田書店

『私のインド料理』をいろんな料理家の本棚で見かけて、存在が気になっていたアロラさん。『決定版〜』の制作に参加させてもらい、本場インドのスパイス使いに酔いました。

た方が断然おいしかった。油で香りを引き出すスパイスも多いので、少ないとダメなんでしょうね。私自身の体験でいえば、撮影のたびにしっかり食べるのに一度も胃にもたれることがありませんでした。むしろ体がスッキリするくらい。さすがインドの方、スパイスのことがよくわかっているなあ、と思っていたら、意外にもインド人のほとんどはスパイスのこまかいことまでは知らないのだそうです。

「だから、教室をはじめたばかりのころ、日本人の質問攻めにはほんとうにこまりました。私も必死でしたから、インドに帰って、まわりの人に一生懸命聞くでしょう。でもみんなにいやあな顔をされました。なぜこのスパイスを入れるかなんて、インド人にとってはどうでもよくて、家庭ではお母さんやお祖母さんに教えられたままやればオーケーという考えなんです」

それで、アロラさんはなんとかムンバイの5ツ星ホテルのレストランの厨房に入りこみ、女性としてはじめてプロの料理を学んだのだそうです。51年に日本に戻ってきて、本格的に教室をはじめ、58年に出版したのが『私のインド料理』。私は仕事で料理家の先生の家に行くことが多いのですが、この本、先生方の本棚でほんとによく見かけるんです。しかも使い古されてぼろぼろになっていることもめずらしくない。当時、本場のインド料理を覚えようとしたら、頼れるのはこの本しかなかったんだろうな。同じころアロラさんのもとには、ハウス食品、中村屋、朝岡スパイスといった名だたる会社の人たちが続々と相談にやってきたとのこと。「レッドペパーとチリペパーとパプリカは同じですか」と聞かれるような、そんな時代だったそうです。

アロラさんの料理教室には20年間、通いつづけている人もいるそうです。その気持ちわかります。部屋に入ったときに全身で感じる香りから始まって、油に移るスパイスの濃厚な香り、食べたときの複雑な味とホールスパイスの食感、食べ終わったあとのすっきりとした満足感。

この気持ちよさ、はまる人はほんとうにはまると思います。

アロラさんのスパイス・ボックス。レッドペパーから時計回りに、クミン（粒）、クミン（粉）、ターメリック、アジョワンシード、コリアンダー。中央がガラムマサラ。

『私のインド料理』より

キーマ・カレー

5~6人分
カレーベース／▼玉ねぎ600g▼トマト250g▼サラダ油80cc▼クミン（粒）小さじ½

＊

▼合挽き肉200g▼グリーンピース（冷凍）200g▼生姜10g▼にんにく10g▼サラダ油少々▼赤唐辛子4~6本▼クミン（粉）小さじ3▼ターメリック（粉）小さじ1▼コリアンダー（粉）小さじ山盛り7▼レッドペパー（粉）小さじ1と¼▼ガラムマサラ小さじ1▼塩小さじ1▼水800cc

❶まずカレーベースを作る。玉ねぎをみじん切りにし、トマトは湯むきしてきざむ。水煮の缶詰を使ってもよい。

❷厚手の鍋にサラダ油とクミンを入れて中火にかけ、まわりが泡立ってきたら玉ねぎを加え、中火で10分間ほど炒める。焦げつかないように注意する。

❸水気がなくなったら、火を弱くして、全体がこげ茶色になるまで炒め続け、トマトを加えて、中火でさらに10分間炒める。油気がにじみ出てきたら、火をとめる。これでカレーベースのできあがり。

❹生姜、にんにくはすりおろす。

❺厚手の鍋にサラダ油少々を熱し、❹と赤唐辛子を入れ、少し炒める。

❻カレーベースを加え、弱火にしてよく混ぜる。

❼クミン、ターメリック、コリアンダー、レッドペパーを入れてよく混ぜ、しばらく炒める。

❽合挽き肉とグリーンピースを加え、よく混ぜる。

❾水と塩を入れ、弱火で約1時間煮る。

❿ガラムマサラを加え、さらに20~30分間煮る。

❖料理してくれたのはアロラさん。ほかに里芋のカレー、カリフラワーのサブジなども作ってくださいました。

フォークが滑稽だったころ

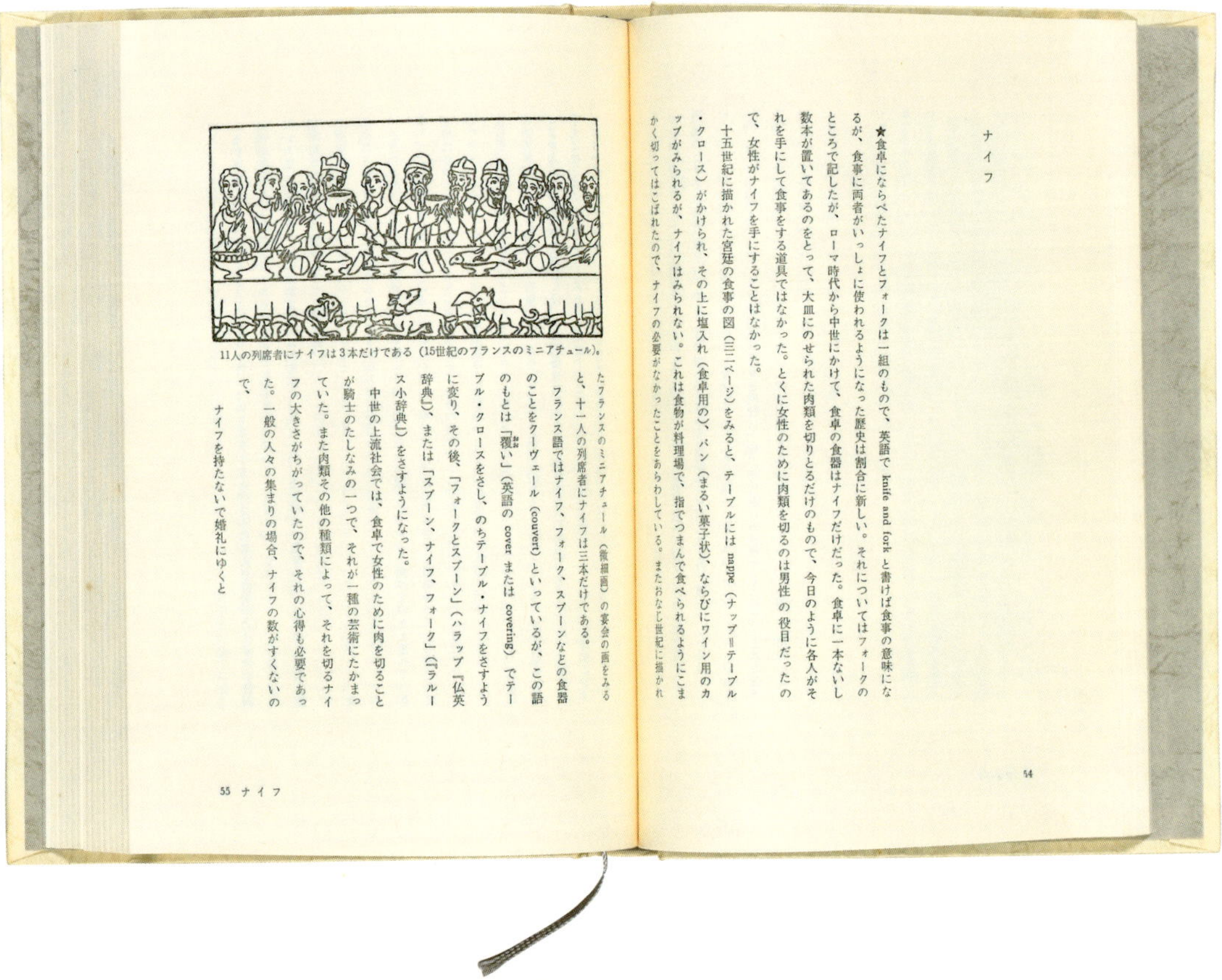

ナイフ

★食卓にならべたナイフとフォークは一組のもので、英語で knife and fork と書けば食事の意味になるが、食事に両者がいっしょに使われるようになった歴史は割合に新しい。それについてはフォークのところで記したが、ローマ時代から中世にかけて、食卓の食器はナイフだけだった。食卓に一本ないし数本が置いてあるのをとって、大皿にのせられた肉類を切りとるだけのもので、今日のように各人がそれを手にして食事をする道具ではなかった。とくに女性のために肉類を切るのは男性の役目だったので、女性がナイフを手にすることはなかった。

十五世紀に描かれた宮廷の食事の図（三二ページ）をみると、テーブルには nappe（ナップ＝テーブル・クロース）がかけられ、その上に塩入れ（食卓用の）、パン（まるい菓子状）、ならびにワイン用のカップがみられるが、ナイフはみられない。これは食物が料理場で、指でつまんで食べられるようにこまかく切ってはこばれたので、ナイフの必要がなかったことをあらわしている。またおなじ世紀に描かれ

54

11人の列席者にナイフは3本だけである（15世紀のフランスのミニアチュール）。

たフランスのミニアチュール（微細画）の宴会の画をみると、十一人の列席者にナイフは三本だけである。

フランス語ではナイフ、フォーク、スプーンなどの食器のことをクーヴェール（couvert）といっているが、この語のもとは「覆《おお》い」（英語の cover または covering）でテーブル・クロースをさし、のちテーブル・ナイフをさすように変り、その後、「フォークとスプーン」（ハラップ『仏英辞典』）、または「スプーン、ナイフ、フォーク」（『ラルース小辞典』）をさすようになった。

中世の上流社会では、食卓で女性のために肉を切ることが騎士のたしなみの一つで、それが一種の芸術にたかまっていた。また肉類その他の種類によって、それを切るナイフの大きさがちがっていたので、それの心得も必要であった。一般の人々の集まりの場合、ナイフの数がすくないので、

ナイフを持たないで婚礼にゆくと

55 ナイフ

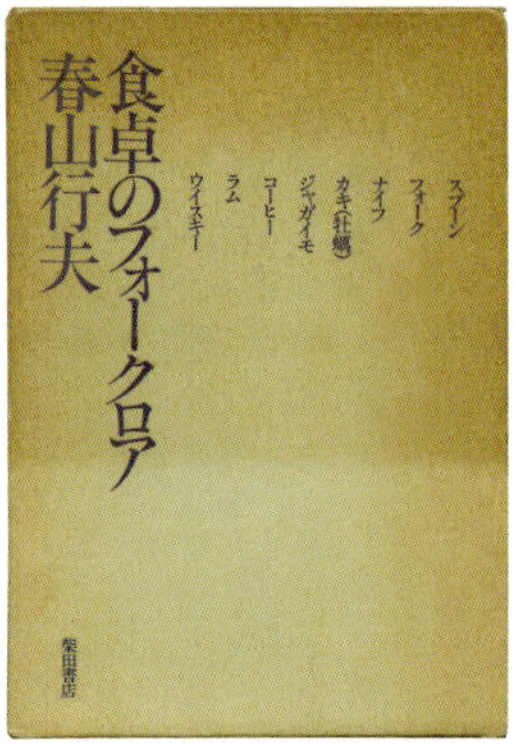

▼春山行夫
『食卓のフォークロア』
昭和50年　柴田書店

ヨーロッパの食にまつわる歴史書。フォークは、イギリスでは1608年にイタリアから伝わったことがはっきりわかっているが、最初は物笑いの種であったという。

東日本大震災のあと1週間ほどは仕事がなくなり、ぽっかりと空いた時間に読みはじめたのがこの『食卓のフォークロア』でした。函に印刷された、スプーン、フォーク、ナイフ、カキ（牡蠣）、ジャガイモ、コーヒー、ラム、ウイスキー、という言葉。これらの文字を見ただけでドキドキする私はちょっとヘンでしょうか。お酒をちびちび飲みながら読んでいると（やっぱりこの場合はラムかウィスキーでしょうね）、緊張した心と体がふーっとほぐれていくようでした。

ウィスキーがもともとヨーロッパ各地で「生命の水」と呼ばれていたことを、本書ではじめて知りましたが、うっとりするような強いアルコールの香りはたしかに元気を与えてくれる感じ。

『食卓のフォークロア』は、先に挙げた食べものにまつわるものたちが、なぜ生まれ、どんなふうに受容されてきたかを、多くの文献をひもときながら概説したものです。なかでもいちばん興味深かったのが、カトラリーに関する項目でした。私たち日本人がフォークやナイフ、スプーンを使うようになったのは明治以降ですが、じつは、お家元のヨーロッパでもこれらが全部テーブルに並ぶようになったのは、そんなに古いことではないようなのです。行儀作法にうるさいイギリスでさえ、16世紀は食事はほとんど手づかみで（手づかみは手づかみなりのマナーがあったようですが）、フォークを使うイタリア人にビックリした人の記述が残されています。しかも食べ残しはテーブルの下に落とすことになっていて、犬がそれを食べたらしい。比較的早くからフォークを使っていたのはイタリアで、イギリスで普及したのは1688年の名誉革命以降らしく、フランスに至って

〈ウィスキーはアイルランドではuisgebeatha（ウシクベーア）、スコットランドの高地地方（ハイランド）ではuisgebaugh（ウシクボー）と呼ばれ、いずれも「生命の水」という意味で、uisge（ウシク）がウスキー（usky）になり、さらにウィスキー（whisky）になったとみられている〉（『食卓のフォークロア』）

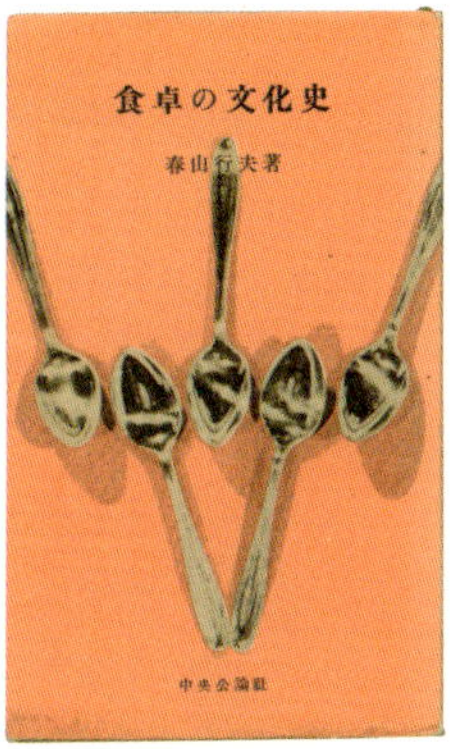

▼『食卓の文化史』
春山行夫
昭和30年　中央公論社

カトラリー、ナプキン、テーブルクロス、デザートなどの生まれた背景がわかります。春山さんは明治35年生まれの詩人。

は、ルイ14世時代、つまり18世紀になってからなのだとか。なーんだ、そんなに最近まで手づかみだったのか。ナイフは一人ひとつではなく、テーブルにふたつかみっつ。うそかほんとか、ナイフを持参しないとうまい肉にありつけない（自分でおいしいところを切り取れない）という理由で、みんなマイ・ナイフを持って出かけたりしていたそうな。ナイフとフォークを持ち歩く風習はかなり長く続いたらしいので、ふつうの人が家で何セットもカトラリーをそろえるのは、古く見積もってもこの200年ほどの習慣ということになりそうです。うちで使っているカトラリー［左頁］はヨーロッパに行ったときにひとつ、ふたつと買ってきたもの。バラバラもまたよし、と自分では思っていたけれど、そんな歴史を知ったらさらに気が楽になりました。

　同じ著者で、『食卓の文化史』という本もあって、こちらもソソられる言葉のオンパレード。ナプキン、テーブル・クロース……箸、サンドウィッチ、ビスケット、マカロン、シュークリーム、アイスクリーム……。というわけで、こちらの本からはサンドウィッチを選んでつくってみました。サンドウィッチは、18世紀に賭博好きで知られるイギリスのサンドウィッチ伯爵がカードゲームをしながら食べるのに都合がよいからとつくらせたのがはじまり、というのは有名な話。でもそれがビーフ・サンドとは知りませんでした。『食卓の文化史』には、切ったキュウリをそのまま挟むのは最大の誤った作り方、サーディンを使いこなせるようになったら名人、とあったので、ドレッシングで和えたキュウリのサンドウィッチと、シンプルなオイル・サーディンのサンドウィッチを、これまたいわれるがまま、1日前のパンをスライスして、バターをまんべんなく塗って、つくりました。そういえば、たしかに昔はサンドウィッチには前日のパンを、と言われていて、なぜだろうと思っていましたが、これは焼きたてよりもしっかりバターが塗れるため、とちゃーんと書いてありました。

　世の中には、そうすることがあたりまえ、あることがあたりまえ、になっているものが多すぎて、その理由を考えることはなかなかない――今回の大きな地震を体験して思ったことのひとつがこれでした。地下鉄はあんなに明るい必要があるのか、とか、自動販売機は都会でほんとに必要なのか、とか。毎日のこまごましたことでも同じで、今回の2冊はこういうときに読む本としてはなかなかいいセレクトだったなと、読みながら思ったのでした。

何を隠そうサンドウィッチ好きの私。絶対条件にしているのが、具は1種類しか使わないということ。しかも、ぺらぺらのハムとか、厚切りのキュウリとか、〝貧乏&ずぼらサンド〟が定番。

うちのカトラリーいろいろ。とりわけ年季の入った
2本のナイフは16世紀オランダのもので、それ以外
はふだん使いにしている古いもの。

ウー・ウェンさんの強さの源

▼『中国名菜集錦』全9巻

昭和57年　主婦の友社

中華料理の百科事典的な本。全9巻で、北京、上海、広東、四川にある名店64店に取材し、1000点近い料理を収録している。写真も迫力満点！　本場本物の説得力あり。

先日、函入りのぶあつい料理本を3冊買いました。『中国名菜集錦』北京編3巻。その2日前、尊敬する料理家であるウー・ウェンさんと、はじめてちゃんとお話をさせていただいたのですが、神保町の古書店で、ずっしり重いこの本を見つけてページを繰っていたら、またすこし、ウーさんに近づけた気がしました。

　ウーさんが平成13年に出された『ウー・ウェンの北京小麦粉料理』は、私はものすごい名著だと思っています。料理にはそれぞれ詳細なプロセス写真と作り方が載っていて、これを読んだだけで、同じ料理本に携わる者としてもう、恐れ入りました！というしかない。そのうえ器のセンスもよく、さらにはウーさんの着る服にまでいちいち細かく気が配られていて（しかも本の角がパラパラ写真になるというお楽しみまである）、どうやったら、こんなに丁寧な本づくりができたのだろう、と長いあいだ不思議でしかたがありませんでした。でも今回、「この本は仕事というより、主人の趣味でしたから」というウーさんの言葉にようやく納得。今回、お願いして本の冒頭に載っているギョーザを作っていただいたのですが、生地をこねるところから、丸い皮にして、餡を包むところまで、ほんとうにあっという間。とはいえこれだけの作業を、あれだけ丁寧に写真に収めるのは、どんなにたいへんだったことか。「時間があるときに、私が料理を作って、主人が写真を撮って。たいへんだったけれど、私はこの本で、お金と時間以上のものを得ました」

　私が買った『中国名菜集錦』は、このウーさんのご主人、林忠さんが関わった本です。刊行は昭和57年。「発刊のことば」によれば、料理と原稿を中国側、撮影取材・編集・出版を主婦の友社が担当した日中合作のシリーズで、私が買った北京に加え、上海2巻、広東2巻、四川2巻の計9巻からなる豪華本です。「発刊のことば」には、〈現地に派遣された主婦の友社の料理記者、カメラマンは、広大な中国の東西南北の地域10000kmを数次にわたって活動し、ブックデザイナー、印刷所技師も同行しました〉とあって、企画の壮大さをものがたっていますが、この

▼ウー・ウェン
『ウー・ウェンの北京小麦粉料理』
平成13年　高橋書店
この本に載っているプロセス写真をはじめて見たときは驚いた。ギョーザはなんと52カット！　明快以外のなにものでもない。ウー・ウェンさんの今日の原点となる本。

「ブックデザイナー」というのが林さんです。ウーさんにお会いして、ウーさんの料理本に対する熱意や力強さの源には林さんの存在がある、ということはハッキリわかったのですが、その林さんの原点には『中国名菜集錦』での仕事があったというわけです。この本の仕事のあと、林さんと結婚した若きウーさんは、本場の味をわが家でも、と求める夫に応えて、料理を作りはじめます。やがてその味が評判となり、本の出版、料理教室へと広がっていったそうです。

　ウーさんの料理の本は、なぜこの本を出すのか、という明快な理由が必ずあります。たとえば『北京小麦粉料理』は、ウーさんのごく最初の頃の本ですが、ここには、まず主食から、という明確な信念があります。

「外国の料理を広めようと思ったら、はじめに主食を知ってもらわないとだめだと思うんです。ごはんに合うおかずと、パンに合うおかずって違うでしょう。北京料理だったら、まず小麦粉料理を知ってもらえれば、料理全体を正しく理解してもらえるんじゃないかと思ったんです」

　近著も、『ウー・ウェンの中国調味料&スパイスのおいしい使い方』（平成23年　高橋書店）、『ウー・ウェンの野菜料理は切り方で決まり！』（平成23年文化出版局）などタイトルを見ただけでコンセプトは明快。しかも最近は、料理自体が非常にシンプル。野菜1種類だけの炒めものとか、素材をただ蒸すだけとか。

「8年前に主人が亡くなってからはどんどんシンプルになっていますね。料理も生き方も。生き方のほうは、働きながら二人の子どもを育てるのに精一杯で余裕がなかったというのもあるけれど、料理がシンプルになったのは自信がついたからです。何かを無理に足さなくても、ちゃんとおいしくなるって、自信を持って言えるようになったんです」

　いつかウーさんに教えてもらった大根の炒めものは、ただ油で炒めただけなのに、甘みといい、歯ごたえといい、なんで？っていうくらいおいしかった。野菜炒めというと、3〜4種類の野菜をいっぺんに炒めるものだと思っていたけれど、それぞれ別に炒めて、炒め具合、味つけをかえればひとつひとつが独立したおかずになって、食卓にリズムができる。ウーさんの本は、食卓いつもそういうちょっとした発想の転換を私にもたらしてくれます。

「料理本は、レシピじゃないんですよ。大事なのは何を伝えるかなのです。今日の晩ごはんのおかずは、もちろん大切です。でもこんな時代に、おかずのバリエーションだけを載せた本では意味がない。だって今晩のおかずだったら、携帯電話で材料で検索したほうが早いですから」

　自分の原点は、やっぱり『北京小麦粉料理』だというウーさん。

「主人とはとても年が離れていたんです。69歳で亡くなったんですが、亡くなるちょっと前、僕は君にべつに長生きしてほしいとは思ってないって言ったんです。僕は人の倍くらい食べたし生きたから、君も全部やり尽くしたと思ったら来なさい、って」

　ウーさんは、いま、ようやくその言葉の意味がわかるようになったといいます。とはいえ話していると、本のアイデアはまだまだありそうだし、週5日の料理教室は大盛況、年に2回、北京で中国在住の日本人向けにひらいている教室は、生き甲斐だともいう。ウーさんが「全部やり尽くす」日がくるのは、まだずっと先のようです。

『ウー・ウェンの北京小麦粉料理』より

ギョーザ

40個分

皮／▼強力粉200g▼水110cc

*

▼豚バラ薄切り肉250g

調味料／▼こしょう少々▼生姜汁大さじ½▼酒大さじ1▼しょうゆ大さじ2▼塩小さじ⅓▼サラダ油大さじ1▼ごま油大さじ½

▼白菜500g▼ニラ50g▼塩少々

❶まず皮を作る。ボウルに強力粉を入れ、分量の水を3～4回に分けてまわし入れ、その都度、箸でよく混ぜ合わせる。

❷粉と水がなじんでだいたいまとまったら、手でしっかりとこねる。

❸しっとりとして手につかなくなったら丸くまとめ、硬くしぼったぬれ布巾をかけて30分ねかせる。

❹餡を作る。みじん切りの白菜に塩を適量ふり、5分間おいてから水気をしっかりと絞る。

❺細かく刻んだ豚バラ薄切り肉をボウルに入れ、調味料を記述した順に加えながらその都度よく混ぜ、最後に白菜、刻んだニラを入れて混ぜ合わせる。

❻打ち粉をした麺台で、ねかせた生地をもう一度こね、包丁で4等分に切り分け、1個ずつ転がしながらのばし、直径2㎝くらいの棒状にする。

❼1本を包丁で10等分にして、中心はやや厚め、縁は薄めになるよう、麺棒で直径8㎝の円形にのばす。

❽餡を生地の中央におき、上下の真ん中を合わせてしっかり押さえ、右手前より中心に向かってひだをとる。反対側も同様にして包む。

❾鍋にたっぷりの湯を沸かし、ギョーザを半量入れ強火でゆでる。ギョーザが浮かんできたら穴じゃくしなどで沈めながら4～5分ゆでる。

❖芸術的な手つきでギョーザの生地をまるく伸ばしながら、「ギョーザは粉、野菜、お肉、ぜんぶ入った完全食なんです」とウー・ウェンさん。餡にしっかり味をつけるので付けだれは不要。酢をつけるとサッパリいただけます。

ジャケ買いの楽しみ

The Hawaiian Luau

For a Hawaiian Luau party, decorate with fish-net, fruits and flowers, and have the women guests wear muu-muus or grass skirts. The feast may be served on a mat on the floor, Hawaiian-style, outdoors on a picnic table, or indoors on a dining table. Hurricane lamps or candles will lend to the romantic atmosphere. Table decorations may be of sea-shells and bamboo. Play Hawaiian background music to set the mood.

Embrace each guest upon arrival, and place a lei gently around his neck. You may make the leis of artificial flowers (crepe-paper or tissue paper, or pastel facial tissue) or you may use real flowers. String flowers alternately with short sections of drinking straws to make a forty-inch necklace, using your imagination and good taste for color combinations and harmony.

Bank your Punch Bowl with flowers, and make a fruit punch to which you can add good Rum, if desired. Give the toast in Hawaiian! "Lea Lea Kakou" means "To Happiness!"

5

▼*Simple Hawaiian Cookery*
Peter Pauper Press, 1964
持っているだけでうれしくなる存在のかわいさ美しさ。絵本感覚で読めます。

いやー毎年毎年、真夏の蒸し暑さにはほんとにぐったりします。こう暑くちゃ料理する気も起きやしない！　なんてときには、お遊び気分で料理本をひらくのがおすすめです。仕事としては、ウー・ウェンさんの本やプロ向けの本のように、プロセスがきっちりしていて、ちゃんと料理が再現できるものを作りたいと思うのですが、ふりかえって自分の本棚を眺めてみると、いわゆる〝ジャケ買い〟もけっこうあったりなんかして……。

　ジャケット＝表紙で買うのはおもに洋書、それも簡単な英語で書かれた絵入りのもので、とくに昔のイラストや版画はパラパラ眺めるだけでも楽しい。たとえば『Esquire Cookbook』は雑誌「Esquire」から生まれた男性向けの料理本。男性向けなのにとってもかわいい。『CO-OP 25th Anniversary Menu Book』はリング式になっていて、フィンランド料理とか、メキシコ料理などの各国の料理も紹介されています。いちばん最近、表紙に惹かれて買ったのは、アメリカで出版された『Simple Hawaiian Cookery』というハワイ料理の本です。

　じつは恥ずかしながらハワイに行ったことがありません。まわりにハワイ好きが多いので、いつか行ってみたいなあと憧れだけはあるものの、いまだ叶わず。行ったことのない国の料理を知るのは、夢が広がってこれまたいいものですが、せっかくレシピが載っているのだから、作ってみるともっと楽しめる。これ、若いときにひまができるとよくやった遊びで、料理本をひらいてまず気になる料理を探します。だいたい食べたことのないかわった料理が多いんですが、作るものが決まったら、ナショナル麻布とか紀ノ国屋といったちょっと特別なスーパーへ買い出しに行く。あとは本を見ながら料理するだけ。今回はオレンジ・ライス (Orange Rice) とハワイアン・ハム・ケバブ (Hawaiian Ham Kabobs) を作ることにしました。

　さて、買い物に出かけたものの、ケバブに使うバーベキューソースがなかなか見つからなくて、スーパーをいくつかハシゴ。最終的にはアメリカ製のバーベキューソースを見つけましたが、ふつうだったら焦るところも、遊びだから気楽なもんです。そうそう、こういうときは小道具も大事。BGMは友人からもらったハワイアンミュージ

▶*Esquire Cookbook*
Crown Publishers, 1955

▶*CO-OP 25th Anniversary Menu Book*
Consumers Cooperative of Berkeley, 1962

ともにアメリカの本で、文字とイラストだけなのにウキウキするほど楽しくなる。『Esquire Cookbook』は男性向け料理入門書。

ック。テーブルにかける布は、気に入っているのになかなか使う機会がないアレがいいかも、などと考えながらキッチンへ。オレンジジュースベースのスープの中に、ごはんを入れるときはちょっぴりドキドキしたけれど、食べてみると、酸味のあるオレンジと炭水化物のお米を、バターがうまくつないでくれていて、思っていたよりはるかにおいしい。タイムの香りもきいています。こんなさわやかな味がハワイにはよく似合う、なーんて、行ったことのない土地がぐんと身近になった気がしました。もっとも50年近く前に、それもアメリカ本土で出版された本なので、いまでもこんな料理がハワイにあるのかはナゾですが……。

料理って基本的には毎日の仕事だから、作らなきゃならないとなるとプレッシャーになるけれど（私はまさにこのタイプ）、これだと栄養を気にする必要も、時間に追われることもなく、ある意味ゲーム感覚で楽しめる。失敗したって誰に怒られるわけじゃないし。こんなときはぜひ、知らない土地や、昔の料理本に載っているような未知の料理を作ってみてください。きっと世界が広がりますよ！

材料を量ったり、切ったりして、下準備がととのったところで調理を開始。料理は段取りが大事なのです。

『Simple Hawaiian Cookery』より

ハワイアン・ハム・ケバブ
Hawaiian Ham Kabobs

▼ハム ▼パイナップル ▼ピーマン ▼バーベキューソース（市販のもの）

❶ハムは角切りにし、パイナップルも同じくらいの大きさに切り分け、ピーマンは四角く切っておく。
❷串にハム、パイナップル、ピーマンを刺す。
❸バーベキューソースをたっぷりハケでぬり、串を返しながらグリルでゆっくりと焼く。

オレンジ・ライス
Orange Rice

▼バター大さじ3 ▼さいの目に切ったセロリ（茎と葉）1カップ ▼みじん切りの玉ねぎ大さじ2 ▼刻んだオレンジの皮大さじ2 ▼オレンジジュース2カップ ▼米2カップ ▼塩小さじ¾ ▼タイム小さじ⅛

❶深鍋でバターを溶かし、セロリと玉ねぎを入れて、焦がさぬように柔らかくなるまで炒める。オレンジの皮とオレンジジュースを加えて、一煮立ちさせる。
❷炊いたごはんを❶に加え、塩とタイムも加えて混ぜ合わせ、ごはんが充分しっとりしたら火からおろし、蓋をして5分蒸らす。
❸ローストポークやベイクドハム、ハワイアンスタイルのチキンソテーなどに添えて盛りつける。
❖今回、お米は日本米を使用。オレンジジュースは生を搾ったのとパック入りの果汁100パーセントジュースを半々にしました。

細川亜衣さんの舌の記憶

▼カゴメ株式会社企画編集
『大きなトマト　小さな国境』
昭和54年　講談社
トマト料理を求めて旅する紀行書的な本。こんなふうに料理の背景が見える本はほんとうに楽しい。

ほんとのことをいうと、レストランの特別な食事よりも庶民の味のほうが好きな私。とはいえ外国の庶民の味ってなかなか知るチャンスがないもんです。『大きなトマト 小さな国境』は、日本のおじさん二人がトマト料理を探して、ギリシャ、イタリア、スペインなどを訪ねあるくという旅行記。巻末に載っているレシピを見てもまったく食欲をそそられないのに、最初からじっくり読んでいくと著者の「おいしい」という声が聞こえてくるようで、レシピにたどりつく頃には、ちゃんと「作ってみたい」「食べてみたい」と思わせてくれます。料理本はそこが大事。

　読み終わって、ふと頭に浮かんだのが旧知の細川亜衣ちゃんでした。

　亜衣ちゃんは、料理教室を開いているし、料理本も出しているから、「料理家」と説明するのが正しいのでしょうけれど、もう16年くらい前、はじめてフィレンツェで会ったときから、彼女はいわゆる料理家とはちょっと違うところに行くんじゃないかな、という気がしていました。その後出版された彼女の料理本は、料理の技術より、料理の感動を伝えたいという気持ちがはるかに強く出ていて、いまや独特の存在感を放っています。亜衣ちゃんは料理の勉強のため、しばしばイタリアに滞在しているのに、半年間、料理の学校に通ったほかは、レストランでみっちり修業したわけでもなく、本能的においしいと感じた家庭やら食堂やらの門を叩き、しばらく居ついてはそこのごはんを食べ続ける、という生活をしていたのだそうです。

　今回はそんな彼女に、イタリアでの体験や料理本観をうかがうべく、そしてイタリアの「庶民の味」を食べさせてもらうべく、わが家へとおいでいただきました。作ってくれたのはシンプルなトマトソースのスパゲッティと、その残りの冷やごはんならぬ〝冷やスパゲッティ〟を利用したグラタン。

「トマトソース、私はその日によっていろんなレシピで作るのですが、今回のはオイルで炒めず、にんにくも入れない、やさしい味にしました。トマトで思い出すのは、イタリアではじめてお世話になったローマ郊外の家ですね。そこのおうちのごはんは、毎日トマト味の煮込みでした。具材は鶏、ウサギ、肉団子など毎回違うんですが、その前に、それらを煮たトマトソースで和えたパスタが必ず出るんです。トマトの旬の時期に水煮を1年分作り置きしていて、そのへんの瓶に詰めておくのは『大きなトマト 小さな国境』にあるのと一緒。ここまでトマトを多用する家も珍しいのですが、このとき、あ、ト

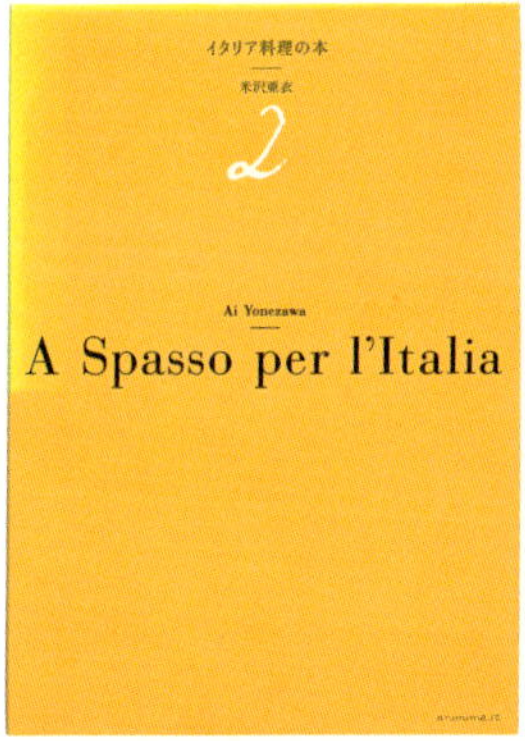

米沢亜衣
▼『イタリア料理の本』
平成19年 アノニマ・スタジオ
続編（21年刊）と合わせて2冊あり。シェフでもなく、ただの料理家とも言いがたい、細川亜衣（当時はまだ米沢姓）という人の感性の料理は、シンプルだけれど誰もマネのできないもの。

マトって日本の醤油みたいなものなんだなって思ったのを覚えています」

残りもので作るグラタンは？

「シチリアでステイさせてもらったお宅のお母さんが、お昼によく作ってくれたものです。60歳過ぎの夫婦ふたり暮らしなんですが、人が何人いようと、まずパスタをひと袋ゆでちゃうんです。で、あまるととっておいて、翌日や翌々日にベシャメルソースをからめてグラタンにする。彼女は私が出会った中ではいちばん料理上手なお母さんでした」

そのお母さんが雑誌や新聞の料理記事の切り抜きをたくさん溜めていて、それを一緒に眺めるのが何より楽しかったのだとか。料理本もたくさん買いあさったそうで、いちばんのお気に入りはひとりの女性が土地の人たちからレシピを聞き書きした『Le Ricette Regionali Italiane』という、地方料理をまとめた本なのだそうです。

「小さな挿絵がある程度で、あとは文字だけの事典みたいな分厚い本ですが、ちゃんとおいしく再現できる。こういう写真のない、ちょっと不親切なくらいの料理本が好きなんです。そのほうがイメージがふくらむから」

なるほど。亜衣ちゃんの『イタリア料理の本』も写真は力強く美しく、彼女らしさがよく出ていると思うけれど、一方で亜衣ちゃんの書くレシピと、料理をめぐるエピソードを読んでいると、その写真さえなくても十分成り立つよなと思うのも事実。そのくらい彼女の舌の記憶が強烈に表れているのです。

「万人に受けようと思うと、料理をあまりしない人にもわかりやすいようにと、丁寧な本になってしまうけれど、こんなにたくさん料理本があるのだから、私の希望としては、作り手の想像力を刺激するような、ある意味上級者向けの料理本がもっとあればいいのになって」

料理本は読者に「作りたい」と思わせるのが大事と言ったけれど、いまある多くの料理本はその役割を写真に負わせすぎているのかもしれません。亜衣ちゃんに、「いつかモノクロ写真の料理本を作りたいんだよね」と言ったら、「それは私もやりたいと思ってた」と。色のついてないちょっと物足りないモノクロ写真と、亜衣ちゃんの文章が載った料理本。うん、ぜひいつかご一緒したいです。

▶スパゲッティのグラタン
❶スパゲッティはフォークなどで食べやすい長さにざっと刻む。❷耐熱皿の底にベシャメルソースをうっすらとしき、スパゲッティを入れる。❸残ったベシャメルソースをまんべんなくかけ、モッツァレラを小さく切って散らし、パルミジャーノ・レッジャーノを表面が白くなるまでたっぷりすりおろす。❹オリーブ油をまわしかけ、高温（250度）のオーブンで表面がこんがりと色づくまで焼く。

細川亜衣さんのレシピより

トマトソースのスパゲッティ

4人分

▼トマト水煮缶1缶（400g）▼赤玉ねぎひとかけら▼バジリコ1枝▼オリーブオイル（エキストラバージン）適量▼粗塩適量▼スパゲッティ300〜400g

❶鍋にトマト水煮、赤玉ねぎ、バジリコを入れ、オリーブ油をぐるりとまわしかけ、粗塩を入れて中火にかける。

❷煮立ったら、表面が静かにふつふついうくらいの火加減にし、時々混ぜながら煮る。

❸最初の3分の2くらいの量までとろりと煮つまったところで味をみる。甘さがあり、かつトマトの生々しさが消え、材料の香りがひとつにまとまったら、塩味をととのえて火を止める。

❹塩をしっかりきかせた湯でスパゲッティをゆでる。

❺食べる時においしい固さよりも一歩手前で水気を切り、熱々にしておいたソースの中でよくあえる。スパゲッティがまだ固いようなら弱火にかけながらさらに火を通す。トマトソースが鍋の底に残らず、スパゲッティにまんべんなく絡んだら、全体がつやつやするくらいにオリーブ油を加えて混ぜる。

❖ウチに来て料理をしてくれた細川さん。よその家の台所でもささっと作ってしまえるのは、イタリアのいろいろなお宅にホームステイしていたからでしょうか。

春山行夫
柴田書店
漬物風物誌
真下五一著
日本の味
御所見直好著
木耳社
洋酒物語
間庭辰蔵著
新編歳時記
食物の歴史
後藤守一
SIMPLE HAWAIIAN COOKERY
日毎の糧
パンと歩んだ五十年
すまふとり草
日本出版社
野草と栄養
下田吉人著
料理のこころ
黒田初子
家庭百科重宝辞典
I（ア―キ）
家庭向支那料理三百種
婦人倶楽部十一月號附録
家庭料理
味つけ人生
久永岩穂著
家庭パンとお八つの作方
主婦之友
思いつき工夫の手帖

家の味

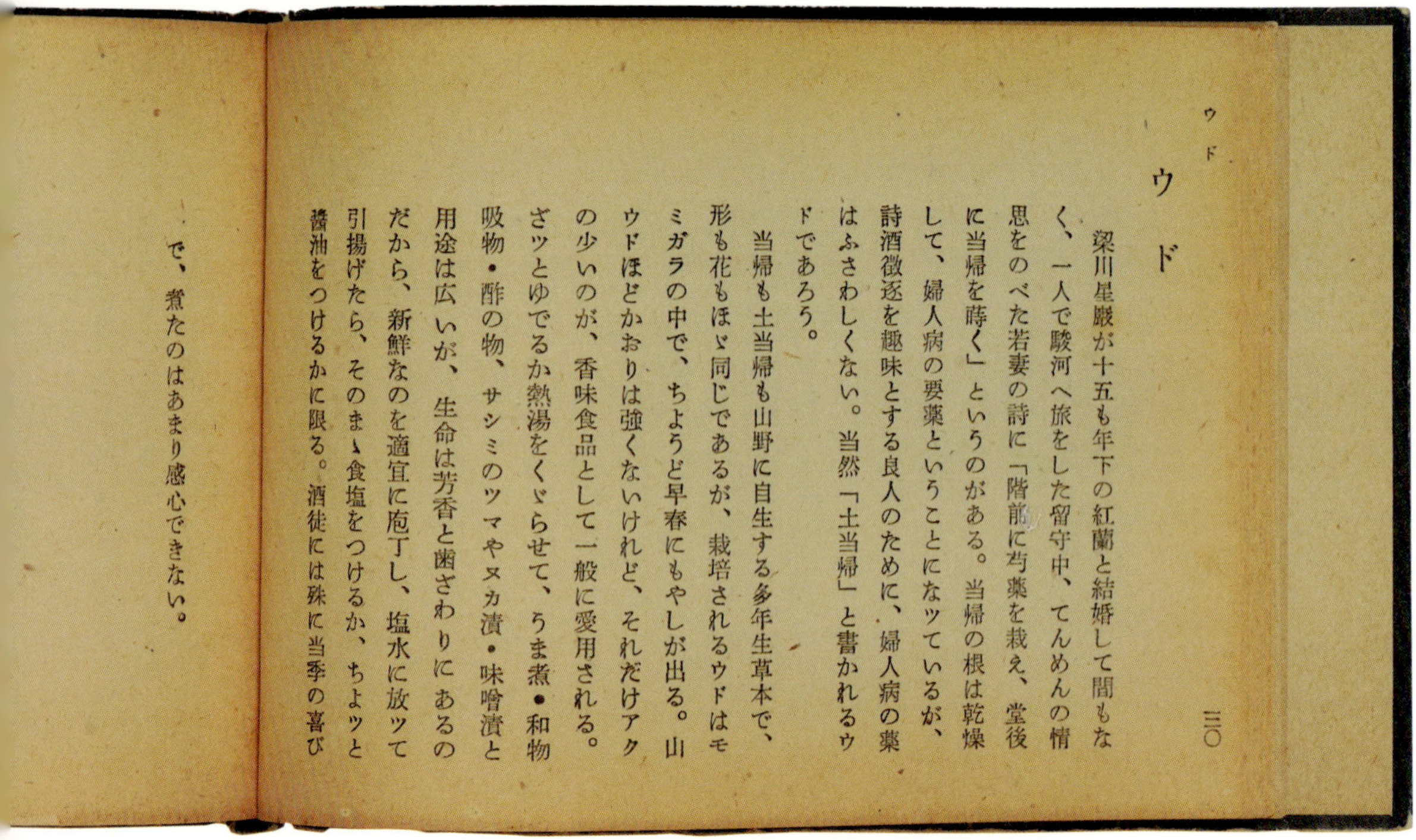

ウド

梁川星巌が十五も年下の紅蘭と結婚して間もなく、一人で駿河へ旅をした留守中、てんめんの情思をのべた若妻の詩に「階前に芍薬を栽え、堂後に当帰を蒔く」というのがある。当帰の根は乾燥して、婦人病の要薬ということになッているが、詩酒徴逐を趣味とする良人のために、婦人病の薬はふさわしくない。当然「土当帰」と書かれるウドであろう。

当帰も土当帰も山野に自生する多年生草本で、形も花もほゞ同じであるが、栽培されるウドはモミガラの中で、ちようど早春にもやしが出る。山ウドほどかおりは強くないけれど、それだけアクの少いのが、香味食品として一般に愛用される。ざッとゆでるか熱湯をくゞらせて、うま煮・和物吸物・酢の物、サシミのツマやヌカ漬・味噌漬と用途は広いが、生命は芳香と歯ざわりにあるのだから、新鮮なのを適宜に庖丁し、塩水に放ッて引揚げたら、そのまゝ食塩をつけるか、ちよッと醤油をつけるかに限る。酒徒には殊に当季の喜びで、煮たのはあまり感心できない。

石田千さんに聞く「食べものの話」

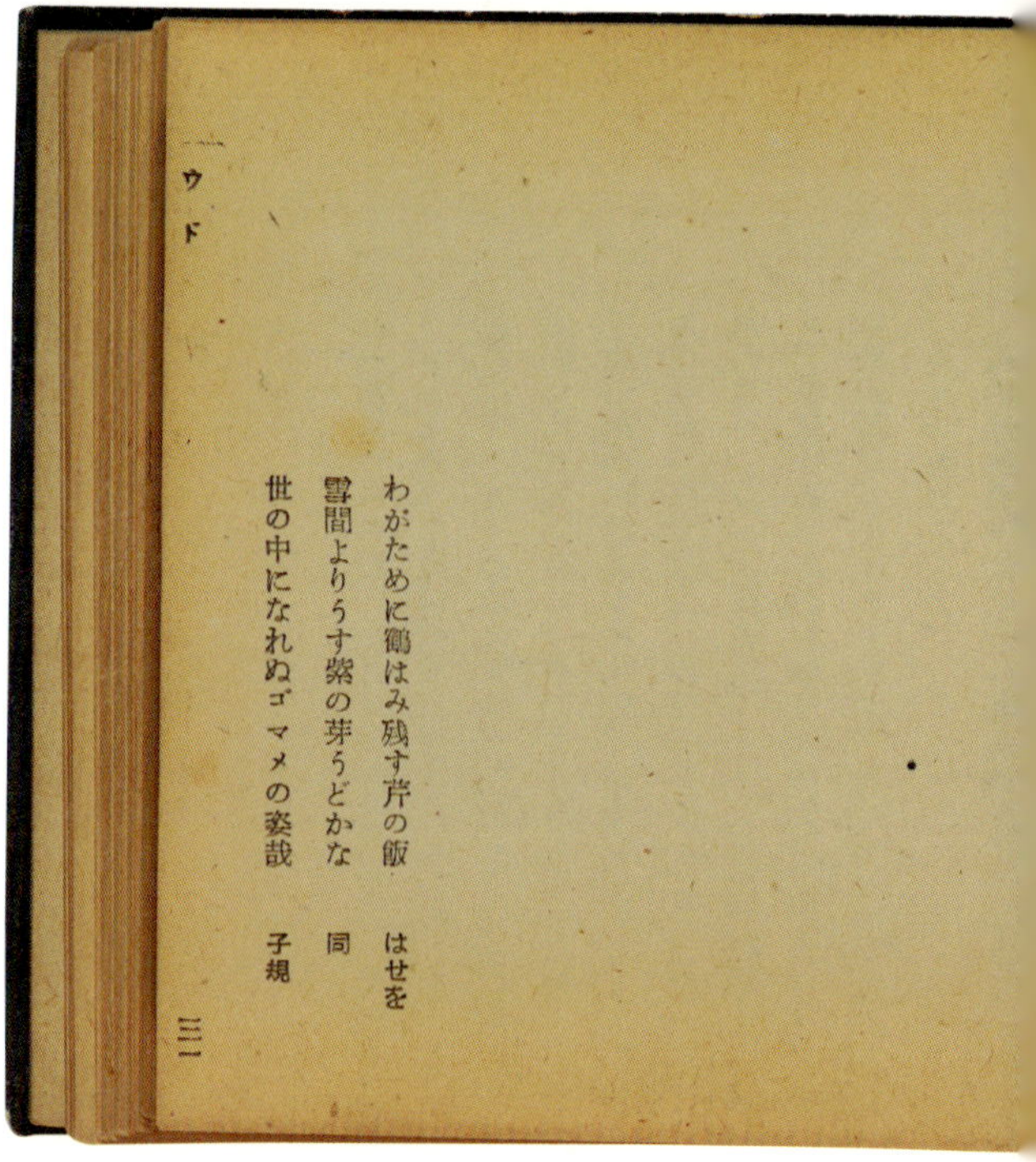
ウド

わがために鶴はみ残す芹の飯　はせを
雪間よりうす紫の芽うどかな　同
世の中になれぬゴマメの姿哉　子規

三一

料理本のスタイリストという本業のかたわら、じつは自分でも何冊か料理の本を出しています。とはいえ料理の本といっても人からレシピを聞いてまとめたものばかり。私は料理家じゃないから完璧なレシピを生みだすことはできないし、作家じゃないから食べる話で人を感動させることはできないけれど、でも、時として淡々とした記録が、人の心を動かすことってあるよなあと思って。それでちょっとずつ食べものの言葉に自覚的になってきたのですが、読んでいてぴったりくる本とそうじゃない本ってありますよね。私の場合、昔の本では『舌の虫干し』『料理のこころ』『味つけ人生』の3冊、ちょっと下って沢村貞子さんの『わたしの献立日記』[92頁]、最近では石田千さんの『きんぴらふねふね』がすごくしっくりきたんです。ただ、なにせ書くことに関しては素人なのでうまく語れない。それで石田千さんに最初に

▼本山荻舟『舌の虫干し』
昭和25年　朝日新聞社
明治14年生まれの本山荻舟（てきしゅう）センセイは新聞記者で小説家。しかし料理研究に没頭し、料理屋も営んでいたという。落合登の絵と装丁がすばらしい！

挙げた3冊を読んでいただき、お話をうかがうことにしました。

最近はじめて「菊のり」を買って酢の物をつくりました。今までお料理屋さんで食べるくらいで、あまりおいしいと思ったことがなかったんですが、『きんぴらふねふね』のなかにも、『舌の虫干し』にも『味つけ人生』にも出てきて、読んだら食べたくなって。千さんのご両親は東北出身だそうで、菊は秋を待ち遠しくする味と教えてくれました。生の花をがくからはずし、お湯にくぐらせて水にさらしたときの、鮮やかな色と香りは格別とのこと。胡麻和えや甘酢でいただくのだそうです。

『きんぴらふねふね』は、食べもののある日常を描いたエッセイです。これ見よがしなところが少しもなくて、食べることが生きることの中にちゃんと組みこまれているところに感動しました。千さんは、食べものを書くことのむずかしさは誰もが経験しているところにあると言います。必ず好き嫌いがついてまわるものだからデリケートなのだ、とも。「そのぶん親しまれ、共感をわかちあえる題材でもあるんですよね」

『舌の虫干し』は、私が『酒のさかな』〔127頁〕という聞き書きのレシピ本を作ったときに造本の参考にしたものです。春夏秋冬で章がわかれていて、歳時記ふうな構成になっている。文章のおわりに芭蕉やら蕪村やらの俳句などがちょこっとついていて、これがいい味わいになっています。

「俳句は、作り手と読み手の感情の行き来を大切にする文芸と思います。俳句に食べものがたくさん出てくるのは、食べものが作り手と読み手の共通語になってくれるからじゃないかな。そして、実感、共感だけではなく、奥の深い表現ができる可能性も魅力です。『湯豆腐やいのちのはてのうすあかり』という久保田万太郎の有名な俳句がありますが、この句は読む人に共感を超えた景色を見せてくれます。だれも見たことのない場所をめがけて、ぽーんと球を投げつづけるような努力が

黒田初子
▼『料理のこころ』
昭和29年　明玄書房
明治36年生まれの黒田初子サンは女流登山家のパイオニアにして料理研究家。科学者の旦那さんも相当の〝食道楽〟だったそう。装丁は山の画家、畦地梅太郎。

久永岩穂
▼『味つけ人生』
昭和31年　逓信文化社
明治30年生まれの久永岩穂サンは公務員。『舌の虫干し』といい『料理のこころ』といい、えらそうでないタイトルがいい感じ。

あった句と思います」

たぶん、私がときどき料理のエッセイを読みたくなるのは、ふだんレシピ本をつくっている反動で、作る人や食べる人の気持ちをのぞいてみたくなるからなんだと思います。共感できるものもあればそうじゃないのもありますが、最近思うのは、やっぱり料理は人だなあということ。「クウネル」（マガジンハウス）という雑誌で連載している「伝言レシピ」は、友だちや知り合いから簡単なレシピを聞いてまとめるというものなんですが、すごく人柄がわかるんです。この人、この料理についてこんなに熱く語れるんだから悪い人じゃないとか、この人絶対幸せになれるよとか勝手に思っちゃう。そういう意味で『料理のこころ』を書いた黒田初子さんはいいなあと思います。明治生まれの女流登山家で、山の上で気楽にお抹茶点《た》てたり、キャンプでホットケーキを焼いたり、食べることを楽しんでいる。旦那さんは旦那さんで、音楽がかかると家でも奥さんの手を取って踊っちゃうような人で。たしか千さんも山登りをされるはずと思って聞いてみると、千さんの山登りも、三度のごはんを目指して登っているようなところがあるとのこと。

「山に登ると食べるものがなんでも特別になるんですよね。チョコレートも、どらやきも、おむすびも、山のだしがしみるというか。たくさんは無理だから、何を持っていくか考える。カロリーが高くて味がしっかりしていて、軽いもの。みんなで分け合えて自分が好きなもの。日常のかけらを持ちこむことで安心できるというのもある。知らない場所でも自分を見失わなくてすむということもあります」

『料理のこころ』では、ほかに「ゴムのようなみそ漬」という一文が上手だなあと思ったとのこと。

「ゴムのような、というのはたいていおいしくないもののたとえです。ところがここに登場するみそ漬は、じつはすごくおいしいものなんですよね。読みながら、そういえばゴムのようだけどおいしかったものってあったなあと思い出しました。青森の市場で食べたハタハタの卵の煮つけ。生のときは、半透明で赤や緑や紫がかさなって、虹のようでした。火を通すと白濁して、最後は醤油の色になるんですが、これがあごが痛くなるほど。でも、やめられない味でした」

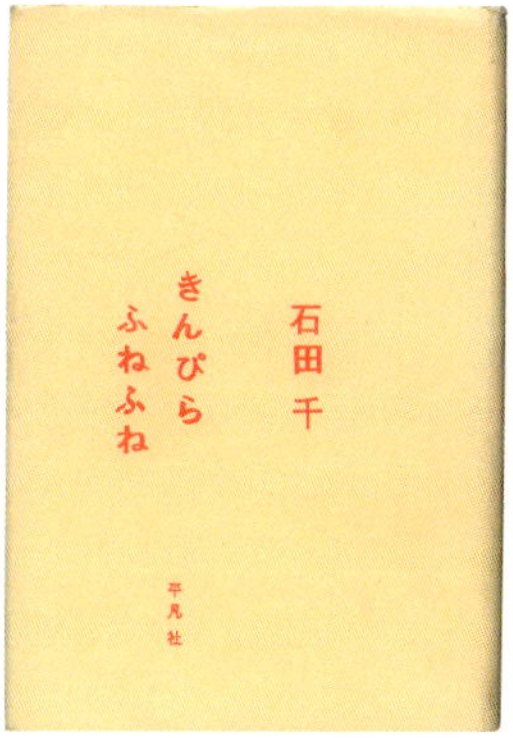

石田千
▼『きんぴらふねふね』
平成21年　平凡社
古い3冊と似たニオイのする本。生活の中のたべものの風景に思わずうなずきながら読みすすむ。

私はというと、外国人の友人と焼き鳥屋に行ったときのことを思い出しました。彼女がなにか食べながら、「ミドリ、このチューインガムみたいなのはいつ食べ終わるの？」って。覗くとシロ（豚の腸）だったんですけれど、なんかそれがすごくおかしかった。

　千さんは近年の食への関心の強さは、大切にしたいのにできていない、と多くの人が感じているからでは、と言います。だから今もこんなに料理の本が出ていて、人気があるのだと思う、と。千さんのところにも、食べものをテーマにという仕事が来るそうです。

「『きんぴらふねふね』を書くときは、自分ができていることだけで書きたいなと。読む方々の風通しをちょっとよくできたらいいなと思いました」

　千さんは料理本はあまり買わないそうですが、夜、ふとんの中でお母さんに電話で聞いた料理のメモを見たりして、「脳内レストラン」をやっているとのこと。そういう人ってけっこういるんじゃないかな。千さんとおしゃべりしながら、3冊の中からお酒に合うような小さなおつまみを選んで作ってみましたが、私、いつも残り物をこんなふうにちょこちょこお盆にのっけてお酒を飲んだりしています。なんていう話をしたら、千さんがビール片手に「私も」って。

『舌の虫干し』より

生のウド
新鮮なウドを用意し、皮をむいて食べやすい大きさに切り、塩水に放す。水気を切って、そのまま塩や醤油につけていただく。

ウドのヌカ漬
ウドは5㎝ほどの長さに切り分け皮をむき、生のままぬか床に漬けて一晩おく。食べやすい大きさに切っていただく。

『味つけ人生』より

花菜漬
菜花を水洗いし、塩でサッともんでおく。あらためて塩と唐辛子をふって容器に入れ、重しをして2週間ほどおく。

『舌の虫干し』より

菊のりの酢の物

菊のり（乾燥させた菊の花）を、少量の酢を加えた熱湯でもどし、冷水に放してからよく水を切り、三杯酢で和える。

サクラエビの磯部揚げ

サクラエビと小麦粉、水をサックリ合わせ、1帖を9等分にした海苔の上にのせ、海苔をくるりと巻きごま油で揚げる。

『料理のこころ』より

ロックフォールチーズとカラスミ

ロックフォールチーズとすりおろしたカラスミを混ぜ、ウィスキーを加えて練る。黒田初子さんの旦那さんはこれを〈舌のさきでなめるようにして〉ウィスキーを飲むとか。

ポテトサラダ

じゃがいもは丸のまま蒸して皮をむき、四つ切りにして小口から3㎜の厚さに切り、塩をふりかける。玉ねぎは薄切りにして塩をし、酢をふりかけ浸しておく。玉ねぎがしんなりしてきたらじゃがいもと混ぜ、マヨネーズで和える。

肝とピックル

鶏レバーは熱湯でゆで一口大に切り、熱いうちにしょうゆをかけ、つま楊枝にさし、胡椒か粉山椒をふりかける。ピックルは楊枝のこと？

つららわさび

やまと芋を千切りにし、酢水に放す。鶏ささみは湯がいて冷まし、手でさいておく。わさびをおろし、しょうゆでとき、水気を切ったやまと芋と鶏ささみを和える。

おいしいごはんさえあれば

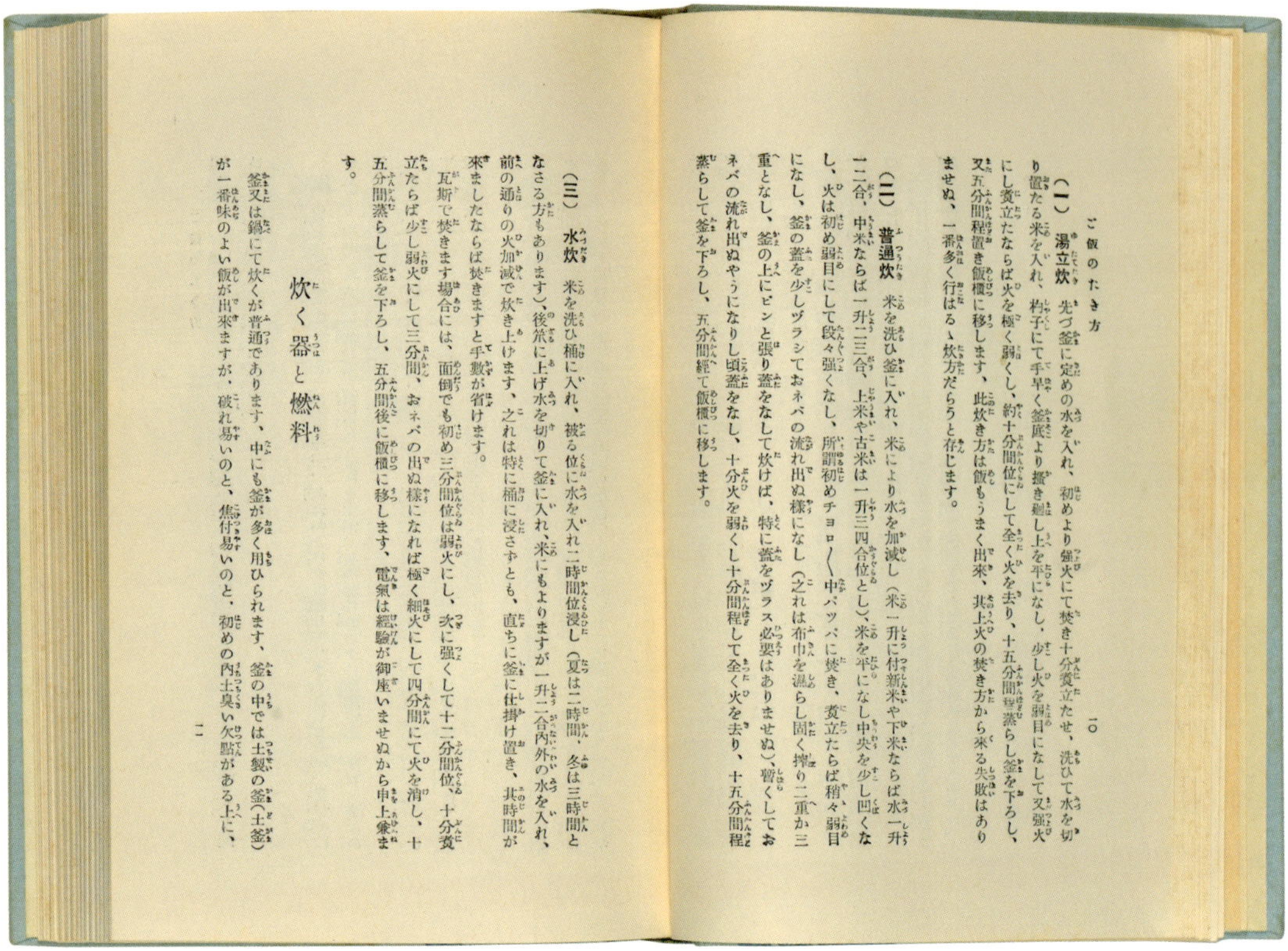

（一）湯立炊　先づ釜に定めの水を入れ、初めより強火にて焚き十分煮立たせ、洗ひて水を切り置たる米を入れ、杓子にて手早く釜底より掻き廻し上を平になし、少し火を弱目になして又強火にし煮立たならば火を極く弱くし、約十分間位にして全く火を去り、十五分間程蒸らし釜を下ろし、又五分間程置き飯櫃に移します、此炊き方は飯もうまく出來、其上火の焚き方から來る失敗はありませぬ、一番多く行はるゝ炊方だらうと存じます。

（二）普通炊　米を洗ひ釜に入れ、米により水を加減し（米一升に付新米や下米ならば水一升一二合、中米ならば一升二三合、上米や古米は一升三四合位とし）、米を平になし中央を少し凹くなし、火は初め弱目にして段々強くなし、所謂初めチョロ〳〵中パッパに焚き、煮立たらば稍々弱目になし、釜の蓋を少しヅラシておネバの流れ出ぬ様になし（之れは布巾を濕らし固く搾り二重か三重となし、釜の上にピンと張り蓋をなして炊けば、特に蓋をヅラス必要はありませぬ）、暫くしておネバの流れ出ぬやうになりし頃蓋をなし、十分火を弱くし十分間程して全く火を去り、十五分間程蒸らして釜を下ろし、五分間經て飯櫃に移します。

（三）水炊　米を洗ひ桶に入れ、被る位に水を入れ二時間位浸し（夏は二時間、冬は三時間となさる方もあります）、後笊に上げ水を切りて釜に入れ、米にもよりますが一升二合内外の水を入れ、前の通りの火加減で炊き上げます、之れは特に桶に浸さずとも、直ちに釜に仕掛け置き、其時間が來ましたならば焚きますと手數が省けます。

瓦斯で焚きます場合には、面倒でも初め三分間位は弱火にし、次に強くして十二分間位、十分煮立たらば少し弱火にして三分間、おネバの出ぬ様になれば極く細火にして四分間にて火を消し、十五分間蒸らして釜を下ろし、五分間後に飯櫃に移します、電氣は經驗が御座いませぬから申上兼ます。

炊く器と燃料

釜又は鍋にて炊くが普通であります、中にも釜が多く用ひられます、釜の中では土製の釜（土釜）が一番味のよい飯が出來ますが、破れ易いのと、焦付易いのと、初めの内土臭い欠點がある上に、

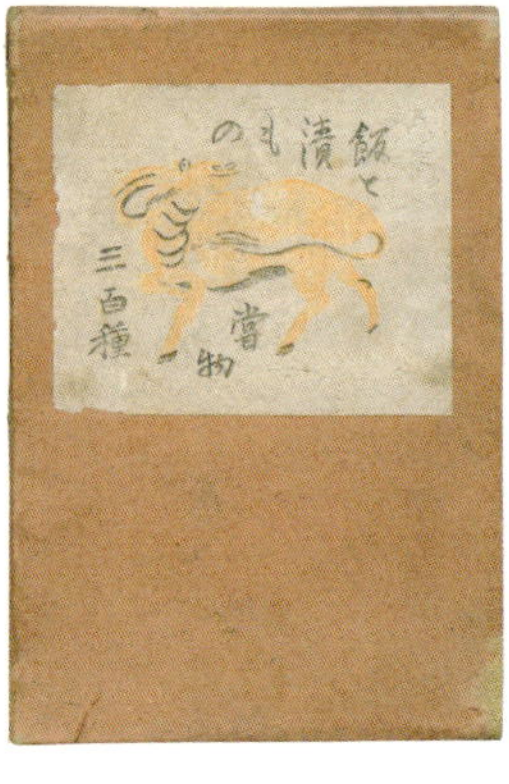

▼宮田孝次郎
『珍味佳味　飯と漬物嘗物三百種』
昭和3年　萬里閣書房
日本人なら、なにはさておきごはんと漬物。嘗物（なめもの）とは塩辛や葱味噌などの半固形の副菜のこと。酒の肴にもよし。

「あなたの好物はなんですか?」そう聞かれたら、私は「朝ごはん」と答えます。炊きたてのごはんと、お味噌汁、炙りたての海苔とおひたしでもあれば最高。上手に炊きあがったごはんは本当に甘くておいしい、幸せな味です。

ごはんは鍋で炊きます。ひとり暮らしをはじめてからずっとなので、かれこれ20年。毎日とはいいませんが1年のうち300日は炊いているかもしれない。鍋で炊きはじめたきっかけは、単純にお米好きということもあるけれど、本音をいうと、あまり料理上手とはいえないので（創意工夫ができない）、せめて基本の朝ごはんだけでもちゃんとおいしいものをつくれるようになろうと思ったから。ごはんの炊けるにおいと出汁のかおり。それだけで、気持ちのいい一日がはじまる気がします。そういうわけで、いまやごはん炊きに関してはかなり自信があります。いや、ほんとにおすすめなんです、鍋ごはん！ そのことをお伝えしたくて、ごはんの本をとりあげることにしました。『珍味佳味 飯と漬物嘗物《なめもの》三百種』は文字だけのシンプルなレシピ集で、「豆腐飯」や「蜆《しじみ》飯」など作ってみたいごはんが満載。「小鳥飯」なんていうのもあって、かわいい響きにつられてレシピを読んだら、〈小鳥の羽をムシリ腸《わた》を出《いだ》し、嘴《くちばし》、足を去り細かに刻み〉なんてオソロシイことが書いてあるのでした。目からウロコだったのは「湯立炊《ゆたてたき》」。〈一番多く行はるゝ炊方《たきかた》〉とあったのでものはためしとやってみたら、おいしいし、なによりごはん粒がツヤツヤ。やり方は、沸騰したお湯に洗ったお米を入れて、再度沸騰したら弱火で10分、火を止めて15分蒸らすという、たったそれだけ。火にかける時間が短いので焦がさずきれいに炊くには一番いい方法かもしれません。

私がごはんを鍋で炊こうと思ったのは、電気炊飯器のデザインがイヤで、どうしても部屋に置きたくなかったというのもありました。あとは、友人がふつうの鍋でパパッとごはんを炊く姿を見て、かっこいいなと思ったということもある。やってみると、毎日同じようには炊けないことに気づいてビッ

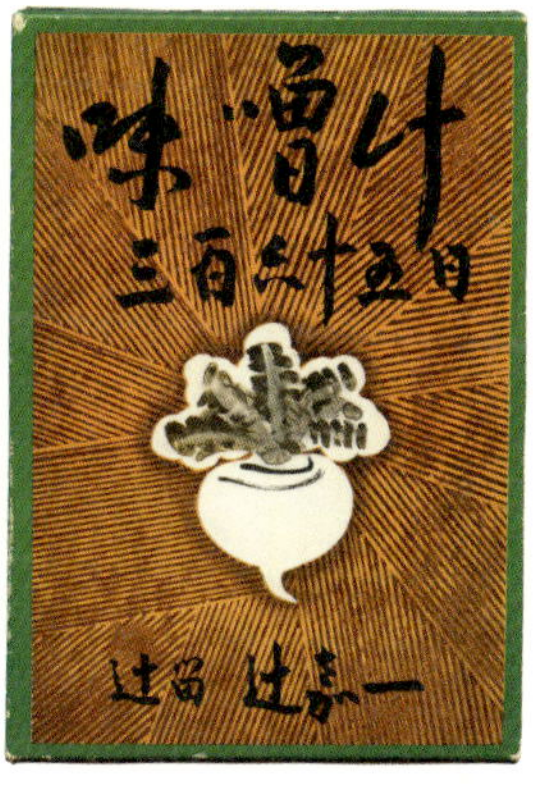

▼辻嘉一
『味噌汁三百六十五日』
昭和34年 婦人画報社

▼酒井佐和子 河野貞子 吉沢久子
『お茶漬けとおにぎり』
昭和35年 中央公論社

『味噌汁三百六十五日』は味のセンスの良さが盛りつけなどの写真にもあらわれた、さすが辻留！の充実した1冊。一方、写真はイマイチながら、あっと驚く内容あり、思わず作ってみたくなるレシピ満載の『お茶漬けとおにぎり』。

クリ。その日の天気や自分の気分で、まったくちがうごはんが炊きあがる。ふっくらつやつや、大成功の日もあれば、固かったり柔らかかったり、焦げちゃったりという日もあります。でもだからこそ、「おいしいごはんの炊き方」なんて本や雑誌が定期的に出版されるんですね。ちなみに『飯と漬物嘗物三百種』は昭和3年の刊行。「はしがき」に、ごはんは料理本でもあまりとりあげられない、とあるので、数ある「ごはん本」の先駆けなのかもしれません。

職業柄、料理家の先生がごはんを炊くところをたくさん見てきましたが、みなさん、ほんとにいろいろなんです。土鍋の蓋をぬれぶきんでぴちっとふさいで炊く人もいれば、ステンレスの鍋に、それ合わないんじゃや……とつっこみたくなるような小さな蓋をのせて炊く人もいました。もちろんどっちもおいしかった。前にも書きましたが、長尾智子さんはなんと途中で蓋をあけて水を足していたことも。それを見て、「なーんだ」と思いました。「はじめちょろちょろ中ぱっぱ、赤子泣くとも蓋とるな」というのはごはん炊きの究極の方法を言っているのであって、そうじゃなきゃおいしく炊けないなんてことはないんですね。ごはんを炊く鍋についてもやっぱり同じ。『土鍋で炊くごちそうご飯』(平成21年　文化出版局)という本のスタイリングをするときに、自分でも専用土鍋からふつうの土鍋まで、いろいろためしてみたのですが、その結果思ったのは、鍋はなんでもいいということ。専用土鍋はもちろん安定しておいしいごはんが炊けるのですが、ひとつのことしかできない道具って、買うのも置くのもなんだかもったいない。それに、家にあるふつうの鍋で、いろいろ実験しながら自分なりの法則を見つけていくのもゲームみたいでおもしろい。結局、ごはん炊きというのは、参考になる炊き方というのはあっても、自分の体で覚えていくしかないんでしょうね。

ちなみに普段の私の朝ごはんの炊き方はというと、米をとぎ20分ほど水に浸し、始めから弱火のまま15分炊き、様子をみて、よければ火を止め10分間しっかり蒸らす、というズボラ炊きです。これも長年の間に生まれた忙しい朝の私流。ぜひイロイロためしてみてください。

『お茶漬けとおにぎり』より「バター茶漬け」。お茶漬けにバター!? まずその取り合わせにビックリ。レシピを読んだら意外においしいのではと思ったので、ためしてみました。

▶バター茶漬け

器にあたたかいごはんを盛り、しらす干しをのせる。そこにバター小さじ1をのせ、パセリのみじん切り少々をふりかけて熱い番茶を注ぎ、塩で味をととのえる。

『珍味佳味 飯と漬物嘗物三百種』より

莢インゲン飯

❶ さやいんげんを1㎝ほどの長さに刻み、ざっと茹でてざるに取り、水をかけて冷まし、水気を切る。

❷ ❶を米に混ぜ、塩と酒を少し入れて炊き上げる。

鶏肉味噌

❶ 鍋に出し汁、酒、砂糖、醤油少量を入れ煮立たせ、ごぼう、人参のみじん切りを入れて煮る。

❷ 鶏ひき肉を入れてよく混ぜ、火が通ったら砂糖、味噌を加えて練り上げる。

一夜漬け

❶ 大根は短冊切りにし、かぶは厚めに切り、葉はともに細かく刻んで揉む。

❷ 根と葉を半々に混ぜ、塩をふって軽く揉み、うす塩に漬けて軽い重しをして一晩おく。

茗荷の梅酢漬け

茗荷は花の出ていない固いものを選び、よく洗って丸のまま梅酢に漬ける。

『味噌汁三百六十五日』より

トマトの味噌汁

❶ トマトは熱湯でさっと茹でて皮をむき、真ん中の芯をとり2㎝角に切る。

❷ ハムは放射状に細切りにし、パセリは手早く茹でて細かく切っておく。

❸ 鍋に牛乳と水を1対2の割合でいれ、三州味噌と越後味噌を6対4の割合でとき入れ、トマトとハムを加え、煮えばなを椀に盛り、パセリをちらす。

❖牛乳が出し汁がわり、これは辻さんが、美食家で有名な八代目坂東三津五郎（当時坂東簑助）さんの家でご馳走になり、気に入って再現したという逸話つきの一品。味噌は三州味噌のような麹の少ない赤味噌を使うのがポイント。

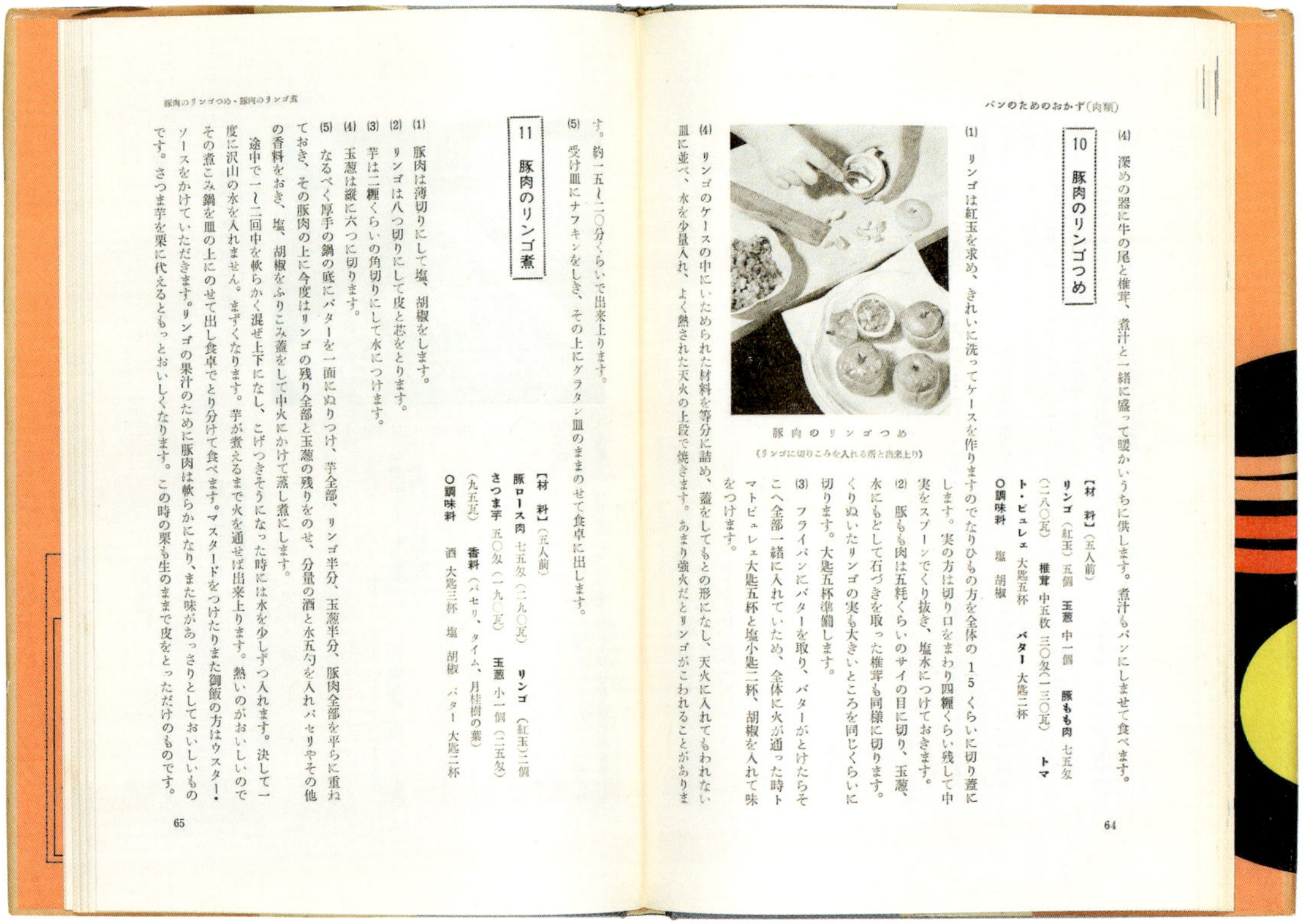

パンのためのおかず（肉類）

(4) 深めの器に牛の尾と椎茸、煮汁と一緒に盛って暖かいうちに供します。煮汁もパンにしませて食べます。

10 豚肉のリンゴつめ

【材　料】（五人前）
リンゴ（紅玉）五個　玉葱 中一個　豚もも肉 七五匁（二八〇瓦）　椎茸 中五枚　三〇匁（一三〇瓦）　トマト・ピュレェ 大匙五杯　バター 大匙二杯
○調味料　塩　胡椒

(1) リンゴは紅玉を求め、きれいに洗ってケースを作りますのでなりひもの方を全体の 1/5 くらいに切り蓋にします。実の方は切り口をまわり四糎くらい残して中実をスプーンでくり抜き、塩水につけておきます。

(2) 豚もも肉は五粍くらいのサイの目に切り、玉葱、水にもどして石づきを取った椎茸も同様に切ります。くりぬいたリンゴの実も大きいところを同じくらいに切ります。大匙五杯準備します。

(3) フライパンにバターを取り、バターがとけたらそこへ全部一緒に入れていため、全体に火が通った時トマトピュレェ大匙五杯と塩小匙二杯、胡椒を入れて味をつけます。

豚肉のリンゴつめ
（リンゴに切りこみを入れる所と出来上り）

(4) リンゴのケースの中にいためられた材料を等分に詰め、蓋をしてもとの形になし、天火に入れてもわれない皿に並べ、水を少量入れ、よく熱された天火の上段で焼きます。あまり強火だとリンゴがこわれることがありま

64

豚肉のリンゴつめ・豚肉のリンゴ煮

す。約一五〜二〇分くらいで出来上ります。

(5) 受け皿にナフキンをしき、その上にグラタン皿のままのせて食卓に出します。

11 豚肉のリンゴ煮

【材　料】（五人前）
豚ロース肉 七五匁（二九〇瓦）　リンゴ（紅玉）二個
さつま芋 五〇匁（一九〇瓦）　玉葱 小一個（二五匁）（九五瓦）　香料（パセリ、タイム、月桂樹の葉）
○調味料　酒 大匙三杯　塩　胡椒　バター 大匙二杯

(1) 豚肉は薄切りにして塩、胡椒をします。

(2) リンゴは八つ切りにして皮と芯をとります。

(3) 芋は二糎くらいの角切りにして水につけます。

(4) 玉葱は縦に六つに切ります。

(5) なるべく厚手の鍋の底にバターを一面にぬりつけ、芋全部、リンゴ半分、玉葱半分、豚肉全部を平らに重ねておき、その豚肉の上に今度はリンゴの残り全部と玉葱の残りをのせ、分量の酒と水五勺を入れパセリやその他の香料をおき、塩、胡椒をふりこみ蓋をして中火にかけて蒸し煮にします。

途中で一〜二回中を軟らかく混ぜ上下になし、こげつきそうになった時には水を少しずつ入れます。決して一度に沢山の水を入れません。まずくなります。芋が煮えるまで火を通せば出来上ります。熱いのがおいしいのでその煮こみ鍋を皿の上にのせて出し食卓でとり分けて食べます。マスタードをつけたりまた御飯の方はウスター・ソースをかけていただきます。リンゴの果汁のために豚肉は軟らかになり、また味があっさりとしておいしいものです。さつま芋を栗に代えるともっとおいしくなります。この時の栗も生のままで皮をとっただけのものです。

65

家の味

▼江上トミ
『私たちのおかず』全5巻
昭和32年　柴田書店
料理番組講師の草分け、江上トミさんの昭和の家庭料理を代表する本。装丁がモダン、と思ったら手がけたのはかの亀倉雄策でした。

白状しますが、学校の家庭科の授業が嫌いでした。ピンクのプラスチックの裁縫箱、おそろいの型紙と布で縫ったブラウス、調理実習でつくったチキンライスとは名ばかりのまずいケチャップごはん……。いまの授業は昔とはちがうと思いたいですが、調理実習だったらちゃんとおいしい料理をつくるとか、器を魅力的なものにするとか、自分でつくって食べることは楽しいと、子どもたちが思える授業だったらいいなと思います。

そんな家庭科嫌いの自分がまさか将来、料理や手芸に関わる仕事をすることになろうとは思いもしなかったのですが、まあ、手芸にしても料理にしても、根っから嫌いだったわけじゃなかったんですね。ただ、うちは母が料理上手だったため、29歳で家を出るまで料理をすることもなく、料理好きになったいまも料理を創意工夫することが苦手で、献立に迷うことがしばしばです。そんな私に料理のアイデアの素をくれるのが、浜田ひろみさんの『日本人の食卓　おかず2001』。写真も絵もなくて、文章だけなのですが、2001種類のレシピが五十音順に並んでいて、シンプルで使いやすい。人になにかいい料理本を教えてくださいと聞かれたとき、決まっておすすめするのがこの本です。タイトルの「おかず」という日本語も、家庭のあたたかい感じがしていいなあと思います。

毎日の料理で多くの人が頭を悩ませるのはやっぱり献立だと思うのですが、料理家で大家となった人でも同じみたいです。以下は、今回ご紹介する江上トミさん（明治32年〜昭和55年）の『私たちのおかず』の冒頭。

〈今日の夕ご飯のおかずは何にしようと毎日思いつつ、とうとう私ももう四〇年近く、主婦の役をつとめました。教えみちびく料理の数に不自由はなくても、家族がよろこぶ好きな料理を思い出し、栄養を与え、限られた経済力や与えられる時間を計っての「今夜のおかず」には、ずい分頭を使ったという一言につきます。〉

つまり、『私たちのおかず』は、江上さんが創意工夫を重ねてつくりあげ

浜田ひろみ
▼『日本人の食卓　おかず2001』
平成10年　NHK出版
2001とはその料理数。パラッと開けば何かにあたる。簡潔ながら思わず作ってみたくなるレシピ。文章もすばらしい。

た江上家40年の「家の味」をまとめたものというわけ。1巻から、和食、洋食、パンのためのおかず、中華とつづき、5巻のおつまみやお弁当、おやつで終わります。江上さんのことは、子どもの頃、テレビで料理番組に出ている姿を見ていて、ふっくらした体型といい、割烹着といい、「おふくろさん」というのがぴったりな人という記憶があります。

　創意工夫は苦手な私ですが、母のおかげで、自分の家でよく出ていたおかずや、味加減は自然と身についています。ふだんはそんな「家の味」で満足していないものの、ときどき、「よその味」も食べたくなる。というわけで、『私たちのおかず』のなかから、うちの母にはない味だろうなと思う「豚肉のリンゴ煮」に挑戦してみました。リンゴとさつまいもの甘さが、豚肉にほんのりうつってやさしいお味になりました。

　そういえばこの本の出版社に勤める人は、いま、この本を持っている人はあまりいないんじゃないか、と言っていましたっけ。料理の本は台所で活躍するものだから、ちゃんと使われた本ほど、いい状態で残るものが少ないのかもしれません。私は富岡八幡宮で本を専門に扱っている露店で買ったのですが、骨董市などで、どこかの家から持ってこられたという家財道具のなかに料理本をみつけたりすると、ああ、きっと料理好きな人だったんだなあ、きっとこの人にも「家の味」があったんだろうな、とちょっぴりうれしくなります。

キャベツの芯葉も立派なおかずに変身。家計に気を遣ったメニューが多いのも昔の料理本の特徴。

▶キャベツの芯のふわふわ

❶キャベツの芯葉の柔らかいところを、ごく細い千切りにする。❷卵はボウルでよく溶いて、塩を混ぜ合わせる。❸出汁に塩、しょうゆで味をつけて火にかけ、キャベツを入れてさっと火を通し、煮立ったところで❷の卵汁を穴あきおたまで流し入れ、再び煮立ってふわっとしたら火から下ろし、蓋をしてちょっと蒸らす。

『私たちのおかず』より

豚肉のリンゴ煮

2〜3人分
▼豚ロース薄切り150g ▼リンゴ（紅玉）1個 ▼さつま芋100g ▼玉ねぎ½個
香料／▼パセリ、タイム、月桂樹の葉適量 ▼水90cc
調味料／▼酒大さじ1 ▼塩、こしょう適量 ▼バター大さじ1

❶ 豚肉は塩、こしょうをする。
❷ リンゴは八つ切りにして皮をむき、芯をとる。
❸ さつま芋は皮をむき、2cmくらいの角切りにして、水につける。
❹ 玉ねぎは櫛形に切る。
❺ 厚手の鍋の底にバターを塗りつけ、さつま芋全部、リンゴ半量、玉ねぎ半量、豚肉全部を平らに重ねおき、豚肉の上に残りのリンゴと玉ねぎをのせ、酒と水を加える。パセリその他の香料をおき、塩、こしょうを振り、蓋をして中火にかけて蒸し煮にする。途中で1〜2回やさしく上下を返し、焦げつきそうになったら水を少しずつ加える。さつま芋が煮えたら出来上がり。

マスタードをつけたり、ご飯にのせてウスターソースをかけてもおいしい。
❖とろりとしたリンゴの甘さになごみます。どこかホッとする香りとお味。

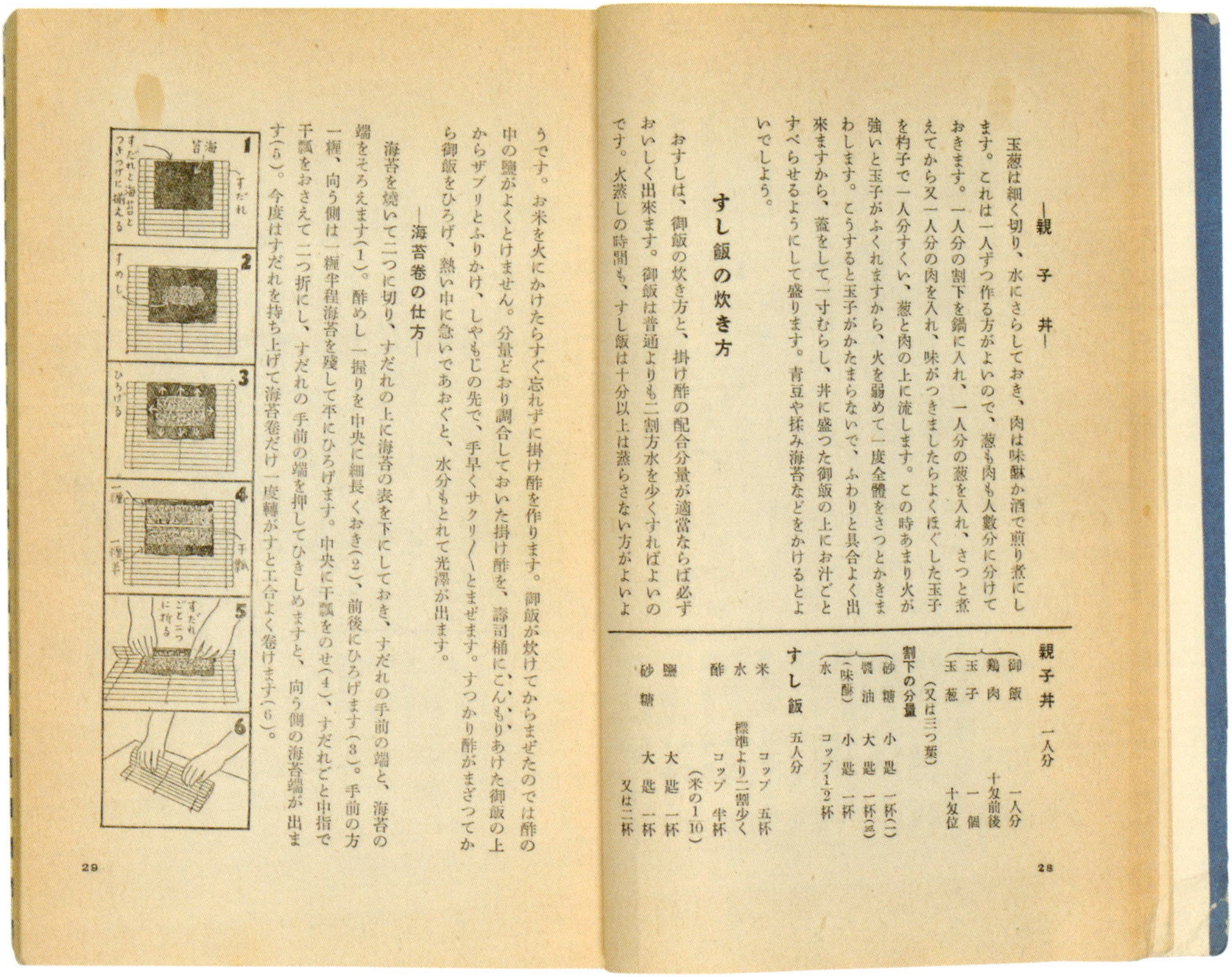

―親　子　丼―

玉葱は細く切り、水にさらしておき、肉は味醂か酒で煎り煮にします。これは一人ずつ作る方がよいので、葱も肉も人數分に分けておきます。一人分の割下を鍋に入れ、一人分の葱を入れ、さつと煮えてから又一人分の肉を入れ、味がつきましたらよくほぐした玉子を杓子で一人分すくい、葱と肉の上に流します。この時あまり火が強いと玉子がふくれますから、火を弱めて一度全體をさつとかきまわします。こうすると玉子がかたまらないで、ふわりと具合よく出來ますから、蓋をして一寸むらし、丼に盛つた御飯の上にお汁ごとすべらせるようにして盛ります。青豆や揉み海苔などをかけるとよいでしよう。

すし飯の炊き方

おすしは、御飯の炊き方と、掛け酢の配合分量が適當ならば必ずおいしく出來ます。御飯は普通よりも二割方水を少くすればよいのです。火蒸しの時間も、すし飯は十分以上は蒸らさない方がよいようです。お米を火にかけたらすぐ忘れずに掛け酢を作ります。御飯が炊けてからまぜたのでは酢の中の鹽がよくとけません。分量どおり調合しておいた掛け酢を、壽司桶にこんもりあけた御飯の上からザブリとふりかけ、しやもじの先で、手早くサクリ〳〵とまぜます。すつかり酢がまざつてから御飯をひろげ、熱い中に急いであおぐと、水分もとれて光澤が出ます。

―海苔巻の仕方―

海苔を焼いて二つに切り、すだれの上に海苔の表を下にしておき、すだれの手前の端と、海苔の端をそろえます(1)。酢めし一握りを中央に細長くおき(2)、前後にひろげます(3)。手前の方一糎、向う側は一糎半程海苔を殘して平にひろげます。中央に干瓢をのせ(4)、すだれごと中指で干瓢をおさえて二つ折にし、すだれの手前の端を押してひきしめますと、向う側の海苔端が出ます(5)。今度はすだれを持ち上げて海苔巻だけ一度轉がすと工合よく卷けます(6)。

親子丼　一人分

御飯	一人分
鷄肉	十匁前後
玉子	一個
玉葱	十匁位

(又は三つ葉)

割下の分量

砂糖	小匙一杯(一)
醤油	大匙一杯(三)
(味醂)	小匙一杯
水	コップ1/2杯

すし飯　五人分

米	コップ五杯
水	標準より二割少く
酢	コップ半杯（米の1/10）
鹽	大匙一杯
砂糖	大匙一杯 又は二杯

デザイナー・若山嘉代子さんの仕事

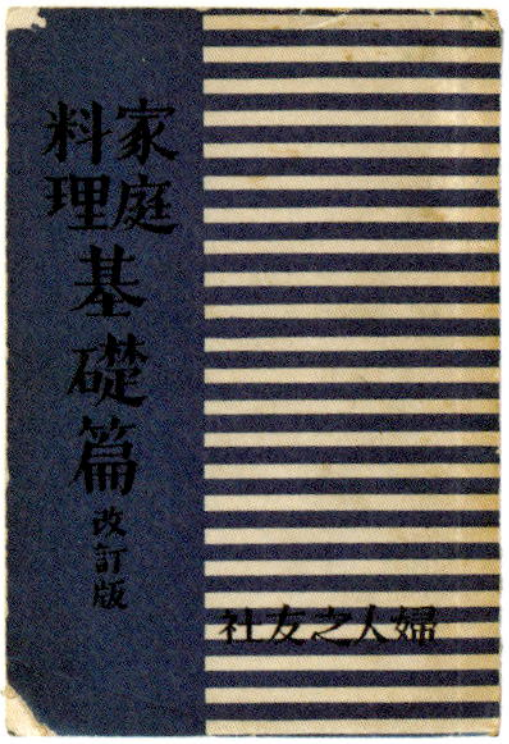

▼『家庭料理基礎篇（改訂版）』
澤崎梅子
昭和27年　婦人之友社
作り方のイラストといい説明といい、すべてに明快な本。こういう本をわかりやすい本というのです。

今回はいなり寿司と海苔巻きを抱えてグラフィック・デザイナーの若山嘉代子さんのお仕事場へ。スタイリストとして最初に関わった、栗原はるみさんの『たれの本』（平成元年）［126頁］に、会ったこともない私を推してくれたのが若山さんでした。以降、今日まで何度もともにお仕事をしていますが、最近も有元葉子さんのおせち料理の本をつくるために、撮影現場でご一緒していました。これがとても充実したいい仕事だったので、その余韻を味わうためにも、今回は古いおせち料理の本をさがして――と思っていたのですが、いざ古書店街に繰り出しても、ない。重箱つながりというわけでもないのですが、じゃあ憧れの海苔巻きと大好きな「おつなずし」をつくってみようと、今回のメニューが決まりました。料理本も昔はいまのように内容が細分化されていないから、おせち料理専門の本なんてあんまりなかったのかもしれません。今回参照した『おいしいおすしとお弁当』や、以前とりあげた『お茶漬けとおにぎり』、『家庭で出来る和洋菓子』も合わせ技です。

憧れの、と言ったのは、じつは人生で一度も海苔巻きを巻いたことがないからなのでした。ずっとつくりたいと思っていて、ずいぶん前に『家庭料理基礎篇』のイラストを見てからは、その思いをますます強くしていました。前もって練習をして本番にのぞみ、これはハマる……と思っていたら、若山さんもかつて海苔巻きに凝ったことがあったみたい。蓋を開けるなり、「助六だ！」と喜んでくださいました。歌舞伎十八番の『助六』の主人公の愛人・揚巻《あげまき》にちなんだ、海苔巻き＋いなり寿司セットの粋な呼び名です。

　若山さんに本棚を見せてください、とお願いすると、20年以上前の本とはとても思えないおしゃれな『堀井和子の気ままなパンの本』（昭和62年　白馬出版）、当時料理本では画期的だった横組の『勝手におやつ』（レスパース編、平成元年　文化出版局）など、懐かしい本が出てくる出てくる。こうやって並べてみると、料理本をおしゃれにした功績は若山さんにあると、あらためて思います。なかでも「奥様手帖」は、まだ私がこの仕事をはじめる前に見て、こんなグラフィカルな料理冊子が日本にもあるんだ、と大ショックを受けたもの。若山さんに手がけることになった経緯をたずねると、

「30歳のとき、急に思い立って、ニューヨークに半年ほど滞在したんです。センスのよいライフスタイルが人気を集めたリー・ベイリーが登場し、世界中からこだわりの食品を集めたDEAN & DELUCAが大人気の頃で、ニューヨークは食に対する熱気に満ちあふれていました。それですっかり料理本を

▼『おいしいおすしとお弁当』
婦人画報社編集局編
昭和32年　婦人画報社
好物「おつな寿司」（六本木の老舗）のお稲荷さんのレシピにつられて購入。家庭でのにぎり寿司の作り方も丁寧に解説してある。

やりたいと思うようになっていたら、帰国するなり『奥様手帖』のリニューアルの仕事が来て。3年間やらせてもらったんですが、いろんな人と出会ったり、新しいことに挑戦したり、すごく勉強になりました」

「奥様手帖」でいいなと思うスタイリングは、たいてい林素蓮《リンスーリン》という人がやっていました。この人がじつは若山さんその人と知ったのは、若山さんと知りあってしばらく経ってから。いまでも一緒に仕事すると緊張するのは、若山さんの持っているスタイリストの目が気になるからかもしれません。

「当時は、まわりと同じことは意地でもしたくなかった」

以前、日置武晴さんが言っていたことを、若山さんもくり返しました。たしかにそれが1990年代はじめ、料理本に関わるある人たちに共通した空気ではありました。まあいま見ると、奇をてらいすぎて穴があったら入りたいというものもあるんですが……。

若山さんが、いま手がけている本のレイアウトをプリントアウトして切って、本の体裁にしたものを見せてくれました。ちょうど手のひらに載るくらいの小さなもので、茶懐石の本だということでした。

「こういうふうに、いつもミニチュアにして流れを見てみるんです。デザイナーってリレーのアンカーだと思うんです。料理家、カメラマン、スタイリスト、編集者……現場ではみんなで構成案にしたがってわーっと走ってきたけれど、最後にやっぱりこっちの写真を前にしたほうがいいかなとか、全体の流れを一歩引いて見るのも仕事」

これまでの料理本のデザインを一新して、カジュアルでおしゃれな料理本の世界を築いてきた若山さんが、いまになって茶懐石というかっちりしたテーマの本に向かうのは意外な気がするかもしれませんが、同じような志をもって仕事をしてきた私も、じつを言うと最近はプロ向けの料理本をきちんとつくりたいという思いが強くなってきました。料理本が売れなくなって企画ひとつ通すのもたいへんな時代だからこそ、ブログですむような本は出したくない——そう思うとますます自分の本なんてつくれなくなってしまって、困るといえば困るのですが。あとは、私も若山さんも、ちゃんとした本をちゃんと残しておきたいと思うような年齢になったということでしょうか。

▼「奥様手帖」
昭和31〜平成9年　味の素サービス
昭和61年7月号より、辰巳芳子さんの朝ごはんを紹介するページ。デザインだけでなく、スタイリングも若山さん。日本の料理本を美しくステキなものに様変わりさせたのは「レスパース」の仕事だった。

『家庭料理基礎篇（改訂版）』より

すし飯

海苔巻6本、おつなずし10個分くらい

▼米3カップ ▼水標準より2割少ない量 ▼酢60cc ▼塩大さじ½ ▼砂糖大さじ1

米はといで、ザルにあげて30分ほど置いて水をきり、水に浸して炊き上げ、10分ほど蒸らす。あらかじめ酢と塩、砂糖を混ぜ、すし酢をつくっておき、飯台に移したごはんが熱いうちに素早く混ぜる。熱いうちに扇いでおくと水分が飛んで光沢が出る。

海苔巻（干瓢）

5人分

干瓢は25cmくらいに切り分け湯に浸し、塩をひとつまみ入れてよくもみ洗いする。約50gの干瓢を鍋に入れ、しょうゆ大さじ2、砂糖はしょうゆの⅔、みりん大さじ1、水1カップを一度に加え、はじめは中火、あとは弱火で汁がなくなるまで煮る。巻き簀にのり半枚とすし飯を置き、その上に干瓢をのせ、一気に巻く。

❖巻くときは、70頁上のイラストを見ながら巻きました。あとの具は、好みのものをどうぞ。かっぱ巻きやお新香巻きなど。

『おいしいおすしとお弁当』より

おつなずし

10個分

❶ れんこんは薄切りにし、湯の中に入れて沸騰したらすぐおろして水にさらし、水気をきってから甘酢で煮る。

❷ 柚子は皮をむき、その皮を細かく刻んでおく。

❸ 油揚げは5枚用意し、1枚を半分に切って内側をよくはがして一度ゆであげて水気を絞る。

❹ 水30cc、しょうゆ20cc、砂糖80g、塩、みりん少々を合わせ沸騰させる。そこへ❸の油揚げを入れ、よく煮あげたら火からおろし、人肌くらいに冷めたら裏返してそろえておく。すし飯にれんこんと柚子を混ぜ、油揚げに詰める。

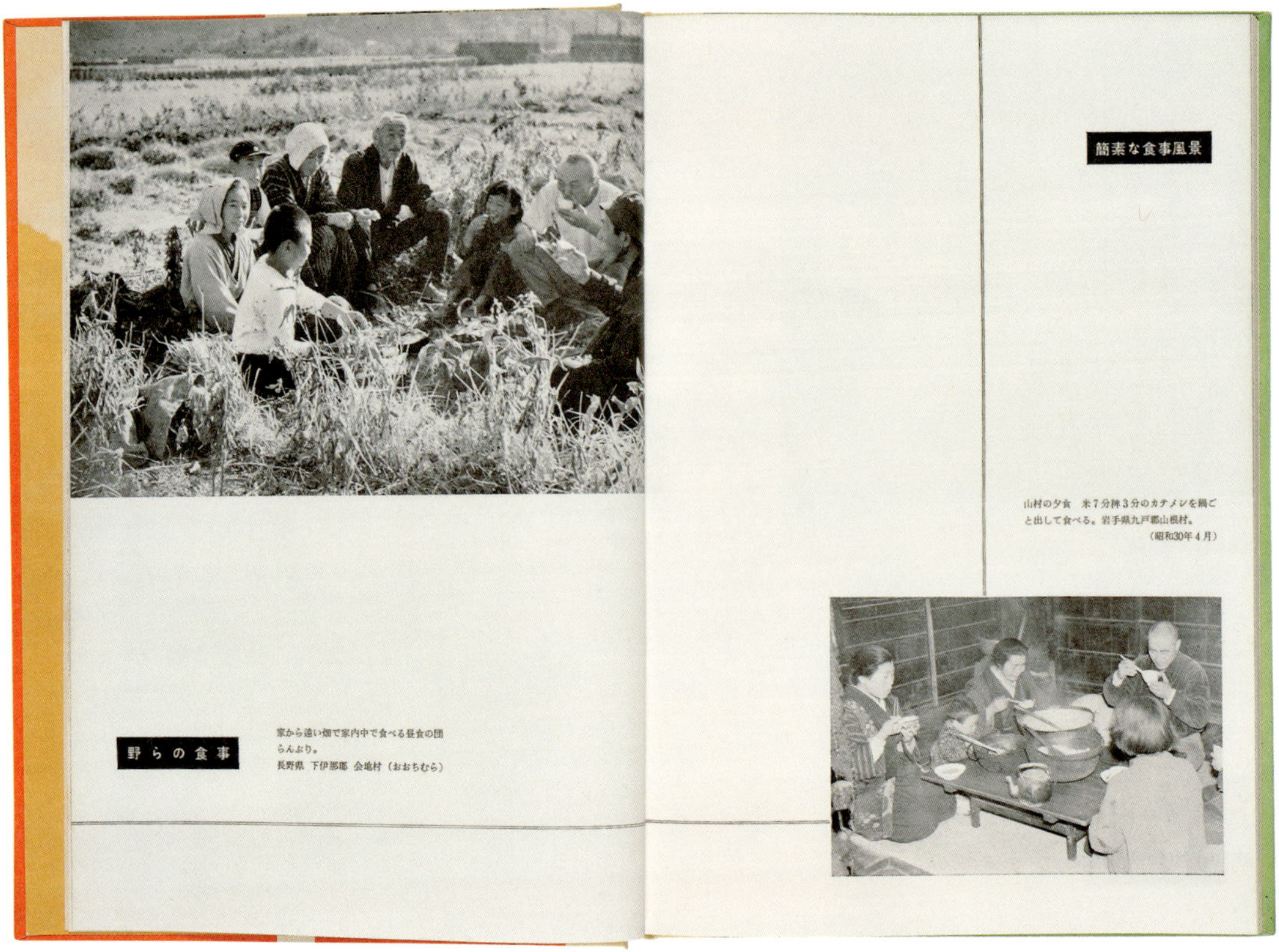

野らの食事
家から遠い畑で家内中で食べる昼食の団らんぶり。
長野県　下伊那郡　会地村（おおちむら）
簡素な食事風景
山村の夕食　米7分稗3分のカテメシを鍋ごと出して食べる。岩手県九戸郡山根村。
（昭和30年4月）

昔ながらのごはんが食べたい

日本人の生活全集　1
日本人の食事
渋沢敬三
金田一京助
和歌森太郎
岸本英夫
岩崎書店

▼塚崎進
『日本人の食事　日本人の生活全集1』
昭和31年　岩崎書店
都会から農村、毎日の食卓からハレの席。昭和のさまざまな食の在り方、人々の姿が描かれている。

家でつくる毎日の食事は、とくにかわったものや贅沢なものでなく、ふつうのもの、たとえばごはんと味噌汁、焼き魚と青菜のおひたしがあれば十分幸せ――そう思って、これまで雑誌の取材でもそう話し、自分の本の中でもそう書いてきました。とはいえ、職業柄、おいしそうなものや新しい食材を見つけるとつい試したくなってしまい、エンゲル係数は相当高い。そんな生活もそろそろ見直さなきゃな、となんとなく思っていたときに見つけた本が『日本人の食事』でした。小さな食卓を囲む家族、会社の事務机でお弁当を食べるお父さん、七輪でサンマを焼くお母さん……と昔ながらの食事風景の写真が載っていて、思わずなつかしさがこみ上げてきます。『日本の味』という、これまた昔ながらの料理を紹介した料理本があるのですが、ここに載っているごはんはどれもおいしそう。考えてみれば、私が好きなシンプルな定食メニューは、そのまま昔の日本の食卓なのでした。

ところで、東京育ちの私が、縁あって週に2日、黒磯で暮らすようになって1年が経ちます。人生で初めて田舎暮らしをして、まず愕然としたのが、スーパーの出来合いのお総菜のあまりの多さでした。気になって他人様《よそ》のカゴをチラチラ見ると、老若問わず漏れなくソレが入っていて、田舎＝煮物をことこと煮るおばあちゃん、というイメージがみごとに砕け散りました。「田舎＝煮物ことこと……」というのは、もちろん私の勝手な願望です。老夫婦ふたり暮らしだったら、出来合いのものを買った方が、重たい食材をわざわざ持ち帰って調理するよりも簡単で経済的なのはわかりきったこと。そういえば、『日本人の食事』の中には、家でひとりきりで食事をしている風景はありません。大勢の人のために毎日食事をつくるのは大変だろうけれど、張り合いもあったのだと思います。でも、今は若者でもお年寄りでも、ひとり暮らしが珍しくない時代です。かく言う私もひとり暮らしが長かった。そのとき学んだのが、退屈な日でも、自分のために簡単な料理をつくって、お気に入りの器や布で食卓をつくるだけで充実した一日になるということでした。誰しも一人で生きる覚悟が必要な時代に、料理は気負いなく楽しみを与

御所見直好
▼『日本の味―里料理ごよみ―』
昭和53年　木耳社
この本から、これぞ昔の食事というあわ飯とけんちん汁のセットを作ってみました。素朴な地方料理、季節料理、数々が興味深い。

えてくれるツールになり得ると思うんです。多少不経済でも、時間がかかっても、それで暮らしがちょっと楽しくなりますよ――と、さすがにスーパーでおばあちゃんの手を取ってそんなこと言えませんが、しょうがないとあきらめてしまっては、いままでの自分の仕事を否定することにもなってしまう。

この20年、スタイリストという立場で料理の本にかかわって、充実した仕事をさせてもらってきたと思います。われながら地道によくがんばったなあ、と思うこともあるのですが、一方で気になりだしたのが、それで世の中になにかかわっただろうか、ということです。仕事をしながらいつも頭にあったのは、料理を始めたばかりの若い人たちに、料理するのは楽しい、自分でつくって食べるのは幸せってことを伝えたい、という思いでした。そのために、そのときどきの料理と本のコンセプトに合った器を選び、食卓を演出してきたのです。

すこし前のことですが、器屋さんで器選びをしていた読者の方に、「高橋さんだったらどれを選びますか?」と聞かれたことがあります。その方が、私がスタイリングした本を見て、こういう暮らしっていいなと思って器に興味をもってくれたのなら、もちろんうれしいし、ありがたい。でも、ここで私が選んだものを買うのはなにかおかしい……。私の趣味や暮らしに合ったものが、その人の生活に合うとは限らないわけです。そのとき、自分が言ったりやったりしてきたことが、意図しないかたちで影響力を持ってしまうのが怖いなと思いました。でもそれは自分の責任ということもわかっています。いままで言いっぱなし、やりっぱなしだったけれど、それじゃいけないなと。間違って伝わってしまったところは軌道修正して、まだまだ伝わっていないとなれば、うまく伝える方法を考えたい。そのためにはまず自分が現実をしっかり見る。買い物に行ったらレシートくらいちゃんと見なければ……。それにしても、多くの人になにかを伝える、それも誤解なく伝えるというのはほんとにむずかしいです。

粟は淡い黄色で、クセのない味。炊きあがったら、ふつうのごはん同様、よく蒸らしてから混ぜます。白米に粟を少量加えて炊くとモチモチしたごはんに。

▶あわ飯

米と粟が8対2になるように分量する。それぞれ別にといで、粟はざるにあげて水気をきる。米は普通の水加減で鍋に入れ、煮たったら粟をのせて炊きあげる。

『日本の味―里料理ごよみ―』より

けんちん汁

▼はす ▼里芋 ▼大根 ▼人参 ▼ごぼう ▼こんにゃく ▼油揚げ ▼がんもどき ▼豆腐 ▼ねぎ ▼青菜 ▼だし汁 ▼しょうゆ ▼食用油（菜種油、ごま油など）

❶はすと里芋は一口大に切り、はすは水にさらし、里芋は塩でぬめりをとっておく。大根は銀杏切り、人参、ごぼうはささがきにして、ごぼうはあくをぬく。こんにゃくはゆでて、油揚げとがんもどきは油ぬきして、それぞれ一口大に切る。ねぎは斜め切りにし、青菜はざく切りにする。

❷はす、里芋、大根、人参、ごぼう、こんにゃくは菜種油などで炒めて風味を出したあと、だし汁で煮てしょうゆで調味し、油揚げ、がんもどき、豆腐、ねぎ、青菜を加えて仕上げる。ごま油の風味をつけるなら、材料を炒めず、最後にごま油を加えて煮あげる。薬味には千切り柚子、辛みにはとうがらしが合う。

❖油揚げ、がんもどき、豆腐と大豆ものが多いので、今回はあいだをとって（？）厚揚げのみにしました。この本、材料が抜けていたり、逆に載っているのに手順に出てこない材料があったりして戸惑いましたが（このレシピでは補いました）、昔の料理本ではめずらしいことではないのかも。

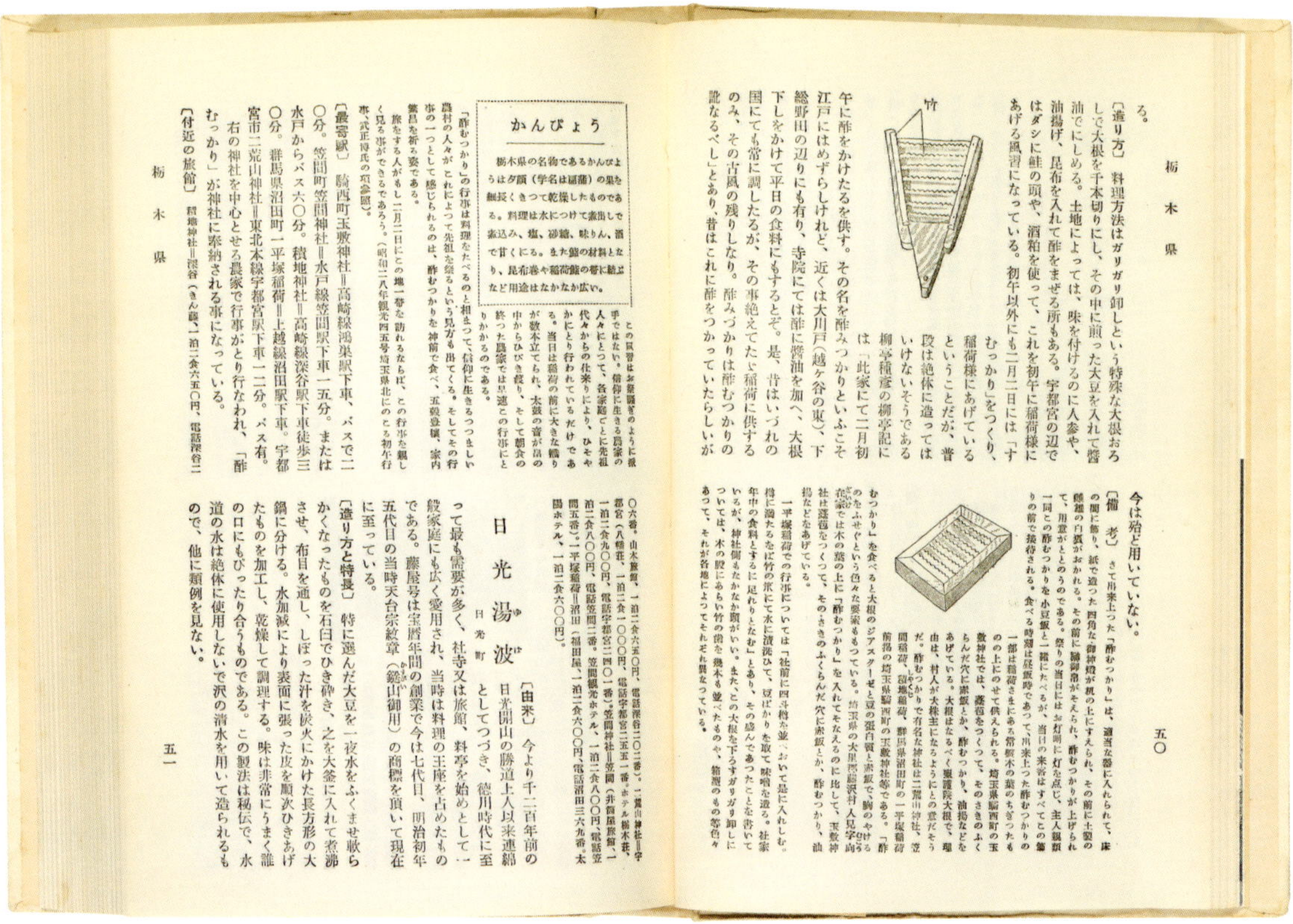

栃木県

る。

〔造り方〕料理方法はガリガリ卸しという特殊な大根おろしで大根を千本切りにし、その中に煎った大豆を入れて醤油でにしめる。土地によっては、味を付けるのに人参や、油揚げ、昆布を入れて酢をまぜる所もある。宇都宮の辺ではダシに鮭の頭や、酒粕を使って、これを初午に稲荷様にあげる風習になっている。初午以外にも二月二日には「すむっかり」をつくり、稲荷様にあげているということだが、普段は絶体に造ってはいけないそうである。柳亭種彦の柳亭記には「此家にて二月初午に酢をかけたるを供す。その名を酢みつかりといふこそ江戸にはめずらしけれど、近くは大川戸(越ヶ谷の東)、下総野田の辺りにも有り、寺院にては酢に醤油を加へ、大根下しをかけて平日の食料にもするとぞ。是、昔はいづれの国にても常に調したるが、その事絶えてたゞ稲荷に供するのみ、その古風の残りしなり。酢みづかりは酢むつかりの訛なるべし」とあり、昔はこれに酢をつかっていたらしいが今は殆ど用いていない。

竹

〔備考〕さて出来上った「酢むつかり」は、適当な器に入れられて、床の間に飾り、紙で造った四角な御神燈が机の上にすえられ、その前に土製の饅雛の白狐がおかれる。その前に御幣がそえられ、酢むつかりが上げられて、用意がととのうのである。祭りの当日にはお灯明に灯を点じ、主人親類一同この酢むつかりを小豆飯と一緒にたべるが、当日の来客はすべてこの飾りの前で接待される。食べる時刻は昼飯時であって、出来上った酢むつかりの一部は稲荷さまにある常盤木の葉のちぎったものの上にのせて供えられる。埼玉県騎西町の玉敷神社では、藁苞をつくって、そのさきのふくらんだ穴に赤飯とか、酢むつかり、油揚などをあげている。大根はなるべく聖護院大根で、理由は、村人が大株主になるようにとの意だそうだ。酢むつかりで有名な神社は二荒山神社、笠間稲荷、積地稲荷、群馬県沼田町の一平塚稲荷前掲の埼玉県騎西町の玉敷神社等である。「酢むつかり」を食べると大根のジアスターゼと豆の蛋白質と赤飯で、胸のやけるのをふせぐという色々な要素ももっている。埼玉県の大里郡騎沢村人見字向在家《ざいけ》では木の葉の上に「酢むつかり」を入れてそなえるのに比して、玉敷神社は藁苞をつくって、そのさきのふくらんだ穴に赤飯とか、酢むつかり、油揚などをあげている。

一平塚稲荷での行事については「社前に四斗樽を並べおいて是に入れしむ。樽に溢たるをば竹の簀にて水に漬洗ひて、豆ばかりを取て味噌を造る。社家年中の食料とするに足れりとなむ」とあり、その盛んであったことを書いているが、神社側もなかなか頭がいい。また、この大根を下ろすガリガリ卸しについては、木の股にあらい竹の歯を幾本も並べたものや、箱型のもの等色々あって、それが各地によってそれぞれ異なっている。

五〇

栃木県

かんぴょう

栃木県の名物であるかんぴょうは夕顔（学名は瓢蒲）の果を細長くきつて乾燥したものである。料理は水につけて煮出しで煮込み、塩、砂糖、味りん、酒で甘くにる。また鮨の材料となり、昆布巻や稲荷鮨の帯に結ぶなど用途はなかなか広い。

この風習はお祭騒ぎのように派手ではない。信仰に生きる農家の人々にとって、各家庭ごとに先祖代々からの仕来りにより、ひそやかにとり行われているだけである。当日は稲荷の前に大きな幟りが数本立てられ、太鼓の音が村の中からひびき渡り、そして朝食の終った農家では早速この行事にとりかかるのである。「酢むつかり」の行事は料理をたべるのと相まって、信仰に生きるつつましい農村の人々がこれによって先祖を祭るという見方も出てくる。そしてその行事の一つとして感じられるのは、酢むつかりを神前で食べ、五穀豊穣、家内繁昌を祈る姿である。

旅をする人がもし二月二日にこの地一帯を訪れるならば、この行事を親しく見る事ができるであろう。（昭和二八年観光四五号埼玉県北にのこる初午行事、武正博氏の項参照）。

〔最寄駅〕騎西町玉敷神社＝高崎線鴻巣駅下車、バスで二〇分。笠間町笠間神社＝水戸線笠間駅下車一五分。または水戸からバス六〇分。積地神社＝高崎線深谷駅下車徒歩三〇分。群馬県沼田町一平塚稲荷＝上越線沼田駅下車。宇都宮市二荒山神社＝東北本線宇都宮駅下車一二分。バス有。

右の神社を中心とせる農家で行事がとり行なわれ、「酢むっかり」が神社に奉納される事になっている。

〔付近の旅館〕積地神社＝深谷（きん藤、一泊二食六五〇円、電話深谷二〇六番。山木旅館、一泊二食六五〇円、電話深谷二〇二番）。二荒山神社＝宇都宮（八幡荘、一泊二食一〇〇〇円、電話宇都宮二五五一番。ホテル栃木荘、一泊二食九〇〇円、電話宇都宮二四〇一番）。笠間神社＝笠間（井筒屋旅館、一泊二食八〇〇円、電話笠間二番。笠間観光ホテル、一泊二食八〇〇円、電話笠間五番）。一平塚稲荷＝沼田（福田屋、一泊二食六〇〇円、電話沼田三六九番。太陽ホテル、一泊二食六〇〇円）。

日光湯《ゆ》波《ば》

日光町

〔由来〕今より千二百年前の日光開山の勝道上人以来連綿としてつづき、徳川時代に至って最も需要が多く、社寺又は旅館、料亭を始めとして一般家庭にも広く愛用されたものである。藤屋号は宝暦年間の創業で今は七代目、明治初年五代目の当時天台宗紋章（鎹山御用）の商標を頂いて現在に至っている。

〔造り方と特長〕特に選んだ大豆を一夜水をふくませ軟らかくなったものを石臼でひき砕き、之を大釜に入れて煮沸させ、布目を通し、しぼった汁を炭火にかけた長方形の大鍋に分ける。水加減により表面に張った皮を順次ひきあげたものを加工し、乾燥して調理する。味は非常にうまく誰の口にもぴったり合うものである。この製法は秘伝で、水道の水は絶体に使用しないで沢の清水を用いて造られるもので、他に類例を見ない。

五一

ふるさとの味

▼『たべもの東西南北』

昭和29年　日本交通公社

日本各地の美味しいものが約1000点。沖縄料理がないのは、まだアメリカ占領中だったからですね。

秋に、鳥取県の境港《さかいみなと》に住む友人を訪ねたときに、「いただき」をご馳走になりました。いただきはしっとりしたお稲荷さんのような食べもので、やさしい味わいでした。境港に古くから伝わるもてなし料理ということでしたが、いまではほとんど作る人もなく、また彼女も他所から嫁いできたので作り方がわからなくて、わざわざ仕出し屋さんに頼んでおいてくれたのだそうです。あんまり美味しかったので、あとからお義母さんに作り方を聞いてもらうと、油揚げに生米と具を詰めてからお出汁でコトコト炊くとのことでした。友人いわく、くいしんぼうの私にはこんな地元の料理がいいのではないかと思ったとのこと。郷土料理だからといって、いただきのように必ずしも美味しいものばかりとは限りませんが、その土地土地に伝わる料理は、人々の暮らしや風土、歴史が詰まっていてやっぱり楽しい。

前にも書きましたが、いまは週に2日、栃木県の黒磯で過ごしています。黒磯は夫の故郷で、実家近くに開いた店で2日間のんびりと店番。山の本、釣りの本、食べものの本など栃木に関する本を買い込んでは、店番のかたわら読みふけっています。今回ご紹介する『たべもの東西南北』も、そんな本のなかのひとつ。北は北海道から南は鹿児島まで、各県に伝わる伝統食を紹介しています。真っ先に開いたのはもちろん栃木。次に見たのが両親の故郷・群馬で、その次は東京……と、自分に縁のあるところから読んでしまうのは、たぶん誰しも同じですね。ゆかりのある土地を読み終えたら、今度は全国をパラパラと斜め読み。わが栃木や群馬はちょっと料理が地味で、千葉の「蛤料理」や富山の「鯛のべっこう漬」を見れば海に近いところに生まれたかったなァと思うし、長崎の「金ぷら棒」（車エビの天ぷら）や「東坡《とうば》肉《にく》」（豚角煮）を見ればノスタルジックな異国の香りがただよってきます。

以前は、郷土料理だからというだけでむやみにありがたがる必要はない、なんて東京者の私はヒネくれて思ったりもしていたのですが、いざ黒磯で過ごすようになったら、新しい故郷ができたようで嬉しくて、栃木のことを知るのが楽しくてしかたがない。『聞き書 栃木の食事』は比較的最近のものですが、「日本の食生活全集」というシリーズのうちの1冊で、失われつつある地方の食事を丁寧に取材していて、読みごたえがあります。

なかでも気になったのが、「しみつかれ」（『たべもの東西南北』では「酢むっかり」）という料理。名前だけではどんな

▼『日本の食生活全集9 聞き書 栃木の食事』
昭和63年 農山漁村文化協会
この県別シリーズは愛読書のひとつ。自分の出身地やかかわりのある土地の食べものは、やっぱり気になります。

料理なのか想像もできませんが、塩鮭の頭や大豆などを酒粕で煮込んだもの、とあります。これは食べてみたい。地元の若者たちに聞いてみると、子供の時に食べたことがあると言うのだけれど、みんな一様に「まずかった……」と。ある店で手作りのお惣菜を売っていたおばあさんも、「今の人はおいしいとは言わないねえ。誰も食べないよ」と言っていました。近くの知人で作れる人がいないものかと探しても、なかなかみつからなくてあきらめかけていたころ、なんと灯台もと暗し、義母が作れることが判明しました。夫の実家・吉田家では「しもつかれ」と呼んでいて、なんでも亡くなったおじいちゃん(舅)の大好物で、昔はよく食べていたのだとか。『聞き書 栃木の食事』には、大豆は節分のもの、塩鮭の頭は正月料理ののこりを使い、2月の初午《はつうま》二の午に食べるもの、とありましたが、お正月、帰省したついでに作り方を伝授してもらいました。

味のほうはというと、前評判がよくなかったこともあって、正直そんなに期待はしていませんでした。けれどもこれが自分好みの味でびっくり。塩鮭の頭から出るほのかな塩気と、酒粕のやさしい甘味が品よくまとまり、すぐに食べても美味しいし、1日置いて冷めてとろっとなったのもまたいい。吉田のおじいちゃんはこれを酒のあてに、子どもたちはごはんのおかずとしてもりもり食べていたそうです。おじいちゃんが亡くなってからは作る機会も減ったそうですが、義母はお姑さんから教わったレシピをしっかり覚えていました。ふだんゆっくり話す機会のなかった義母と、すり鉢でごろごろしながら大豆の皮を外したり、鬼おろしで野菜をガリガリやったりしながらのんびり過ごせたのもよかった。きっと昔はこんなふうにして代々ふるさとの味が受け継がれていたのでしょう。

その後、スーパーでパック詰めされたしみつかれを発見。1年中売っているらしく、年配の人などで、ときどき食べたくなる人があるのだろうと嬉しくなりました。たしかに万人受けする食べものではないかもしれないけれど、なくなってしまうのはもったいない。せめて「まずかった……」と言っていた黒磯の若者たちには、吉田家の「しもつかれ」を一度ためしてもらいたいなあと思っています。

『たべもの東西南北』よりしみつかれの説明。〈色々よみ方があってすみつかり、しもづかり等ともよばれる。ムッカリは憤りとかき、酢をかいだ時に鋭いそのにおいにムッと顔をしかめて憤った表情になることから語源が出たのだといわれているが、たしかな事は分らない〉

義母のレシピより

酢むっかり／しみつかれ

▼塩鮭の頭1個 ▼大根1本 ▼人参1本 ▼煎り大豆100g ▼酒粕150g ▼塩適量 ▼水6カップ

❶ 塩鮭の頭をぶつ切りにする。

❷ 煎り大豆は皮を外す。煎り大豆をすり鉢に入れ、手の甲側で軽くかき混ぜながらすり鉢の内側にこすりつけるようにするときれいに皮が外れる。

❸ 鍋に水6カップと❶❷を入れ、鮭と大豆がやわらかくなるまでじっくりと煮る。

❹ 大根と人参を鬼おろしでおろす。

❺ ❸が煮えたら❹を加えて、大根と人参がやわらかくなるまで煮る。

❻ ❺に酒粕を小さくちぎって入れ、中火で10分くらい煮る。最後に味見をし、塩で味をととのえる。塩鮭の旨味と酒粕の香りを楽しみたいから塩味はひかえめがいい。

❖今回のレシピは義母から教わったもの。塩鮭の頭を一度焼いたり湯がいたりするレシピもありますが、鮭の生臭さもやがて旨味に変化し、最後の酒粕で帳消しになります。じっくりと煮るので、夫の家ではみんな鮭の頭の骨もよく噛んで食べきってしまってます。

缶詰の思い出

おいしい「さけ」お料理いろいろ
玉子巻
コロツケ
サーモンサラダ
龍田揚
クリーム和へ
カムサッカに於ける罐詰工場

つまみに缶詰を出すバーが注目されるようになって、数年前からおしゃれ缶詰ブームがおきていますが、私が子どものころはいまよりずっと缶詰を食べていました。缶詰のホワイトアスパラガスは父の好物だったし、高校生だった兄は空腹をこらえきれず、よく夕飯前にコンビーフ入りのチャーハンを作ってましたっけ。カニ缶セットはお歳暮の定番で、子ども心に高級そうだなと思ったものです。ふだんは食材庫の上にしまわれていて、急なお客様のおもてなしに酢の物になったり、時間がない夜にカニ玉になったりして食卓にのぼりました。甘酸っぱいあんのかかったこのカニ玉は絶品でした。それから、サケ缶と大根おろしを合わせてごはんにのっけただけのものもおいしかったなあ——なんてことを久しぶりに思い出したのは、東日本大震災がきっかけでした。震災後しばらくの間、殺気立ったスーパーに行く気がしなくて、買いおいてあった乾物や、いただきものの缶詰を食べていました。非常食としてとても役には立ったのですが、缶詰はふだんほとんど使わないせいか、どう食べたものか悩みました。どうせ置いておかなければならないのなら、非常用だからといって味を期待しないのではなく、ちゃんとおいしいものを選んで、おいしい食べ方を知った上で用意したい、そんな風に思うようになったのです。

そこで手にした本が『缶詰百科』。缶詰を使った料理も紹介されているのですが、そもそも缶詰とはなに?というところからはじまって、缶詰の歴史、製法、缶切りの種類など、なるほど!という話が満載。容器の中を脱気することで保存性を高める缶詰製法は、19世紀初頭にフランス人のニコラ・アッペールという人が開発したのだとか。フランスというのがちょっと意外、と思っていたら、研究のきっかけになったのがナポレオンの懸賞募集だったと読んで納得。戦いに保存性の高い食品が不可欠だと考えたナポレオンが、新しい食品貯蔵法を懸賞金付きで募集し、みごとアッペールが賞金を得ることに。ただしアッペールが用いた容器はびんで、最初に缶を用いたのはイギリス人ピーター・デュランドという人物。デュランドはこれをティン・キャニスター（Tin Canister）と呼び、イギリスでは

▼『料理の栞』
昭和3年　日魯漁業株式会社
日魯漁業（現マルハニチロ食品）が昭和初期に出した40頁ほどの販促本（だと思う）。うすっぺらいのに内容満載。表紙がステキ。

▼浅見安彦『缶詰百科』
昭和51年　柴田書店
なるほど缶詰にも歴史はあるのだなあ……と頷くこと多し。この本によれば、加熱さえできればなんでも缶詰になるのだそうだ。

Tinned Food、アメリカでは Canister を Can と略して Canned Food と言われるようになったそう。日本語の「缶」はこのcanからきたか、オランダ語のkanからきたとか、あるいは「管詰」と書いていたことから管の形状に由来したものだとか諸説あるようです。おかしかったのが、缶切りのエピソード。1824年に北極探検に持って行かれた缶詰がロンドンの王立博物館にあるのだそうですが、その缶に書いてあるのが「ノミとオノであけて下さい」。長持ちさせるため食品を密封したのはいいものの、肝心の開ける道具のことはあんまり考えてなかったんですね。

さて、日本では明治4年に松田雅典という長崎の外国語学校の司長が、フランス人からイワシの油漬け缶詰の製法を学んで作ったのが缶詰の最初だそうです。明治14年に鴨肉の大和煮の缶詰がヒット。つづいて牛肉の大和煮が生まれ、以降、大和煮は缶詰の代表格になりました。いまでこそ缶詰は庶民のものですが、この牛肉缶詰は、天皇が行幸の際に列車で召し上がったというから当時の価値は推して知るべし。

あ、でも、カニ缶はいまだに高級ですね。つい先日もスーパーで4000円、5000円という値がついているのを見てぎょっとしました。カニの缶詰って中身が紙で丁寧に覆われていて、それがまた高級感を醸しているのだけれど、じつはこれは変色をふせぐための処理——ということもちゃんとこの本に書いてありました。

今回は母のなつかしい味ということで、日魯漁業発行の『料理の栞』から、「カニ玉」と「鮭おろし和へ」を作ってみました。カニ玉はあん無しでもけっこういけることが判明。鮭缶も久しぶりに食べたらやっぱりおいしかった。災害時には調理を要するものは向かないから、同時並行で開けたらすぐに食べられるおいしいおかず缶詰も探し中。ちなみに、いまいちばんはまっているのはスモーク牡蠣の缶詰です。これはほんとにおいしいので、どうぞおためしください。

左奥に積み上げた3つは、地方の物産コーナーで売っていたもの。いちばん下はなんと、なめこ。

『料理の栞』より

鮭おろし和へ

▼缶詰の鮭½缶 ▼大根小さめ½本 ▼酢大さじ2 ▼砂糖大さじ1 ▼しょうゆ大さじ1 ▼花がつお

缶詰の鮭の汁をきり、細かくほぐして、皿に盛っておく。次に大根を皮をむいてすりおろし、汁気を絞り、酢、砂糖、しょうゆとよく混ぜ合わせて鮭の上にかけ、さらに花がつおを盛る。

❖懐かしきわが母の作り方はより簡単です。鮭缶の汁をきり、缶をひっくり返して器に盛る。すりおろした大根を鮭の上に盛り、しょうゆをたらす。これをごはんの上にのせて食べる。この絶妙な和風の味が大好きでした。ツナ缶とは違う、鮭がもろもろと崩れるおいしさが格別。昭和の味かな?

カニ玉

▼カニ缶1缶（300g）▼卵5個 ▼塩、こしょう、しょうゆ、ごま油、青豆少々

❶カニ肉をほぐして器に入れ軽くこしょうをふっておき、卵をボウルの中に割り入れ、塩としょうゆで味をつけかき混ぜる。

❷フライパンを火にかけごま油をひいて卵を入れ、かき混ぜながら少し炒めたカニ肉を入れ、さらにかき混ぜながらふわりと焼き上げる。すぐに器に盛り青豆をちらす。

❖これまた母のレシピもご紹介。カニ肉はほぐして、臭みをとるため酒少々をふっておく。ボウルに卵を割りほぐし、生姜と長ネギのみじん切り、カニ肉を加え、塩、こしょう、しょうゆ少々で調味する。これをごま油を多めにひいたフライパンに流し入れ、かき混ぜながらふわりと焼く。青みに絹さややグリーンピースをちらす。

あこがれのホルトハウス房子さん

ランチ Ⅰ

寒い冬の日の昼食のおもてなしには、フレンチオニオンスープが最適。あっさりした大根と人参のサラダを添えました。

フレンチオニオンスープ

●材料

玉ねぎ	4～5個
バター	大3～4
サラダ油	大2
小麦粉	大2
塩、こしょう	各少々
ビーフストック	4～5ℓ
フランスパン	4～5切れ
オリーブ油またはバター	大2
にんにく	1粒
スイスチーズ(おろしたもの)	½ℓ

作り方 1 玉ねぎは薄切りにします。

2 なべにバターとサラダ油をとり、この中で1の玉ねぎをいためます。木しゃもじでかき混ぜながら、中火で四〇～五〇分、気長にいためます。玉ねぎが原型をとどめず、とび色になるまでいためてください。

3 玉ねぎに充分火が通ったら2に小麦粉をふり入れ、全体をよくなじませます。ここに熱しておいたスープストックを加え、塩、こしょうでうすめの味に調味します。ふたをして、そのまま弱火で四〇分ほど煮込みます。

4 薄切りのフランスパンを低温に熱したオーブンに入れて、一五分ほど焼きます。バターを両面に塗って、裏返し、さらに五分焼きます。

5 焼き上がったら、にんにくの切り口で、パンの表面をこすって、香りをつけます。

6 器に5のパンを入れ、おろしたチーズを小さじ二杯ほど入れ、さらに3のスープを加えます。

7 6を上火を強くきかせたオーブンに入れ、表面に焦げ目をつかせたら、でき上がりです。

大根と人参のサラダ

●材料

大根	½本
人参	1本
ヴィネグレットソース	大5
にんにく(みじん切り)	1片
パセリ(みじん切り)	少々

作り方 大根は皮をむいて、千六本に切ります。人参も皮をむいて、大根と同じように切ります。

ヴィネグレットソースににんにくを混ぜ入れ、大根と人参をあえます。

器に盛ってパセリをふりかけます。

このサラダは野菜の生の感触を味わうサラダです。大根も人参も水気が多いので、でき上がったら、しなっとしないうちにいただくようにします。

173

172

▼ホルトハウス房子
『私のおもてなし料理』
昭和47年　文化出版局
おいしい食事へのこだわり、器へのこだわり、そしてすてきな生活……すべてがホンモノで、写真のすみずみにまで目がいってしまう。

あらためて紹介させてもらいますと、私の仕事は料理にまつわる本や雑誌のスタイリングをすることです。

家庭向けの本や雑誌の場合、おいしそうに見えるように、季節感が出るように、ページを繰ったとき目に楽しいようになどなど、気を使っていることはいろいろありますが、なかでも私がいちばんこだわっているのは、料理家の「その人らしさ」をさりげなく出すこと。そういう意味で、これからも、そしてこの先も、お仕事をご一緒することは絶対にないだろうと思っていた方が、今回お会いしたホルトハウス房子さんです。

手をかけたごまかしのない家庭料理、外国で集めたというすてきな器、使いこまれたさまざまな意匠のテーブルクロス、背景に見える品のいい家具調度類……ホルトハウスさんの本にあるのはすべてがホンモノで、これぞ理想のスタイリング、そこに他人（スタイリスト）や借りものが入る余地は悲しいかな、ありません。でもでも、一度でいいからホルトハウスさんのお料理を食べてみたい！　穴のあくほど何度も読み返し、見返した本に載っているあの器や台所をこの目で見てみたい……というわけで念願かなって鎌倉山のご自宅にお邪魔させていただくことになったのがこの9月のことでした。

感激でした。すてきなお住まい、筋の通ったお話しぶりは、本で読み、見ていた印象そのまま。考え方も窮屈でなく、おおらかで自然体、そしてとっても食いしんぼう。

「いまでもしょっちゅう東京へ行きますが、必ずこれを食べようって決めてから行くんです。どこへ行くのでも、まず食べることとありきなんです。おとといも台風なのに銀座でごはんを食べて、虎屋に寄って甘いものを食べて、挙げ句の果てにおはぎまで買って、それを大事に抱えて大船駅で3時間、立っていたんです。台風がくるのは知っていました。でも、タクシーがなくなるって気がつかなかったのね。それでちょっとくたびれて、いま風邪気味なんですけれど。でも思い出すとけっこうおもしろかったなって思うのよ。それに、じゃあ今度は出かけないかというと、やっぱり出かけるわね」

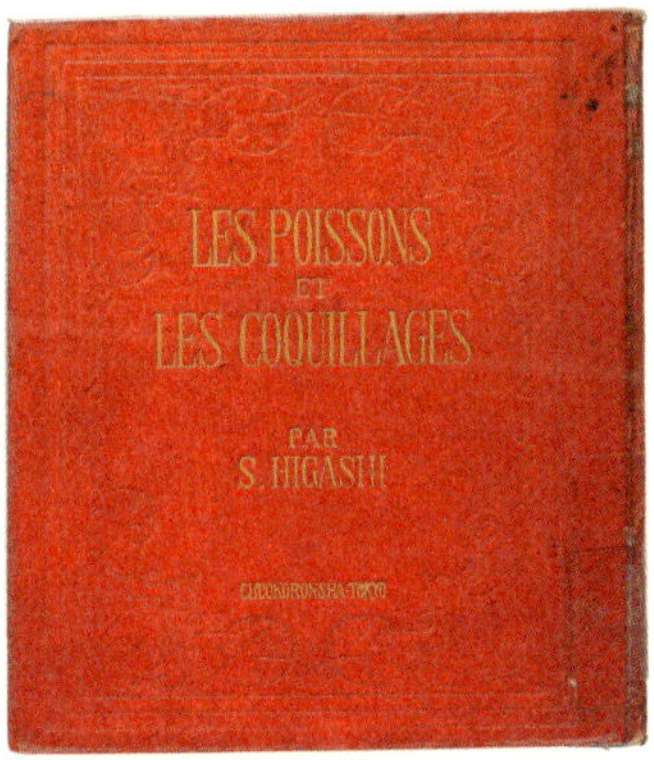

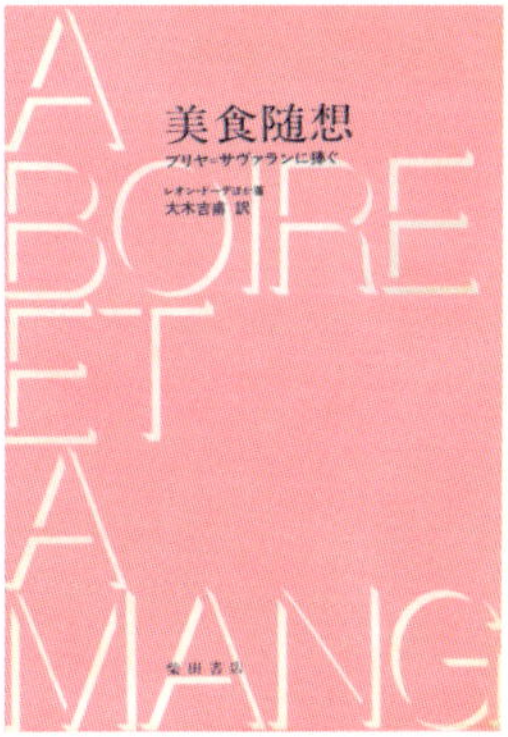

東佐與子
▼『フランス式魚貝料理法』
昭和26年　中央公論社

レオン・ドーデほか
▼『美食随想――ブリヤ＝サヴァランに捧ぐ』
大木吉甫訳
昭和48年　柴田書店

ホルトハウスさんの蔵書より。東佐與子さんは、ホルトハウスさんも思わず頭を垂れてしまうという厳しい料理哲学の持ち主。

そう言って声を立てて笑うホルトハウスさんは、失礼ながらとてもかわいらしく、おかげでこちらの緊張も解けて、すぐにそのお人柄の虜になってしまいました。

「古い本はいいわね。昔『暮しの手帖』でお見かけした中江百合さんなんてあこがれたものです。あとは東佐與子さん。読んでいるとすごく厳しい方らしくて、私ももはーっという感じで読むだけで、作ってみようという気にはなれないのですが。でもこの『フランス式魚貝料理法』なんて、すてきでしょう?」

そう言って見せてくださった本は、かなり読みこまれたのでは、というたたずまい。前に紹介したタイム ライフ ブックスの『世界の料理』シリーズ〔18頁〕もお好きとかで、しばし料理本談義に花が咲いたのでした。

10月に入ってあらためて撮影にうかがうと、「昨日は沖縄に行ってたんですよ。沖縄料理を思い出したら急に食べたくなっちゃって」と相も変わらぬ行動力。『私のおもてなし料理』出版から40年経ったいまも、この本の冒頭に挙げられたホルトハウスさんの料理信条はちゃんと生きているようでした。

いわく、〈悪癖は直すべし/料理は舌で覚えるべし/食いしんぼうであるべし/記憶力を働かすべし/食べ歩きで訓練すべし/材料は値段より品質で選ぶべし/料理のもつ個性はたいせつにすべし/大胆にして細心の注意を忘れるべからず〉

「ときどき読者の方から『あなたの料理で娘を育てました』なんて言われるとびっくりしちゃう。あら、あれでできたのかしらって(笑)。だいたいが私の分量なんていい加減なんです。だってあなた、調味料計ります? 私なんかは食べた味を覚えて、それだけで作りますよ。それがいちばん」

「同じものでも私が作るのと、別の誰かが作るのとでは絶対にどこか違うでしょう。自分で作ったって今日と明日では違いますよね。インスタント食品がいけないのはそこですよ。心がどうとかいうんじゃなくて、いつも同じ味。お天気に晴れや曇りがあるように、料理だって毎日味が違っていいと思わない?」

「いまはやさしい味の料理が多いでしょう。でも元気なら、しっかり味のついたものを食べないと。うちはお菓子屋をやっているんですけれど、お客さんに『お菓子は甘くないのがいい』という人があって、つい『甘くなきゃお菓子じゃありません』なんて言っちゃったりして。いけないわね。相手はお客様なのに(笑)。でもしょっぱいものはしょっぱい、すっぱいものはうんと跳び上がるほどすっぱい、そんな昔ながらの料理がいいなと思うんです」

撮影を終え、食事をいただきながら、おいしいお店の話や料理の心がまえ、ご自宅でひらいている料理教室のことなど、ホルトハウスさんの話術にひきこまれるうちに、あっという間に時は過ぎ、気がつくとすっかり日が暮れていました。

ホルトハウスさんの家で過ごした時間は、まさに本で見ていたとおりのものでした。そうしてしみじみ思ったのは、美しい家具や馴染んだ器、部屋のしつらえは、おいしい料理をさらにおいしくするのだということ。もちろん誰もが一朝一夕にできることではないし(みんながみんなホルトハウスさんみたいだったら、私の仕事がなくなってしまう!)、料理本とひとくちに言っても目的はさまざま。ともあれ、お会いしてますますあこがれの人になったことは、言うまでもありません。

『私のおもてなし料理』より

フレンチオニオンスープ

5人分
▼玉ねぎ1.5kg ▼スープストック（鶏ガラと牛すね）1.5ℓ ▼バター大さじ5 ▼サラダ油大さじ2 ▼タイム少々 ▼塩大さじ1 ▼こしょう少々 ▼バゲット ▼グリュイエールチーズ

❶玉ねぎは半分に切って薄切りにする。鍋にバターとサラダ油を入れ、弱火で根気よく2時間ほど炒める。焦げつくようなら途中でほんのすこしスープストックを加えるとよい。

❷玉ねぎが飴色になったらスープストックを注ぐ。香りづけにタイムを加え、塩、こしょうで味をととのえ、30～40分ほど煮込む（3割ほど煮詰まる）。

❸耐熱スープ皿に❷のスープを8分目まで注ぎ、バターを塗った厚さ8㎜ほどのバゲットをのせ、さらに4㎝角、厚さ8㎜ほどに切ったグリュイエールチーズをのせる。

❹200度のオーブンで、表面に焼き色がつくまで焼く。

❖今回ホルトハウスさんがつくってくれたのは、時間をかけた贅沢なスープ。「手間だからめったにできるものじゃないけれど、ひと冬に一度はつくるわね」とホルトハウスさん。

第二のおふくろの味

土井信子

▼『しゅんの料理BOOK うちのおかず』全12巻

平成2～3年　主婦の友社

基本のお惣菜を作るときなど、いまもなにかと頼りにしている土井さんの本。ごはんが進む、濃いめ甘めの家庭の味。

亡くなった母はなにかというとよくお赤飯を作ってくれました。あるときふらっとひとり暮らしの母の家を訪ねたらちょうどお赤飯を蒸かしているところで、「今日わたしの誕生日なの」って。思えばあまり家に寄りつきもせず、誕生日も忘れ、我ながら親不孝ではありましたが、なにかおめでたいものを作りたいな、そう思ってひらめいたのは母のお赤飯でした。母からはほとんど料理を教わらずじまいだったので、こんなときの頼みの綱は土井信子さんのシリーズ本『うちのおかず』。ちゃんとありました、お赤飯。ついでに同じ本から春らしい煮物と白あえを作ってみたら、どれもほんとにおいしかった。と同時になつかしさがこみ上げてきました。

　このシリーズは、じつは私の仕事のスタートラインになった本です。あらためて見たらもう20年以上も前なんですね。1年間、月が変わるたびに大阪の土井さんのご自宅へ通っていました。当時は私も若く、見た目のかっこよさだけを考えていたところがあって、スタイリストとしてはほんとうに反省しきりなのだけれど、どんな器を差し出しても「やってみるわ」とおもしろがって盛り付けをしてくれた土井さんの柔軟性にいまも感謝しています。土井さんはご主人・勝氏との共著はありましたが単独の本を出されるのはこのときがはじめて。1年かけて12カ月分を発行するスタイルや、正方形に近い判型は当時新しく、カメラマンも料理は専門外、私もほんの駆け出しだったので、それぞれが新鮮な気持ちだったのだと思います。このときのワクワクは私の原点。帰りには土井さんがみんなに必ず甘いものを持たせてくれて、包みを開くとひと言「おつかれさま」と書かれた短冊が入っていましたっけ。家庭料理らしい甘辛い味つけとそんなあたたかい人柄とが重なって、土井さんの料理は私の第二のおふくろの味になったのでした。

　料理には技術とはべつに、その人の人となりが確実に出るように思います。というか、私自身が人柄の出ている料理本が好きなんですね。昔から沢村貞子さんの『わたしの献立日記』が大好きでした。高峰秀子さんの『台所のオーケストラ』や、向田邦子さんの料理を紹介した『向田邦子の手料理』も。『わたしの献立日記』はその名の通り日々の献立の記録で、品数も内容も主婦として完璧！　たとえば昭和63年4月6日の夕食の献立は〈青豆ご飯　甘鯛の煮つけ（針しょうが）　ふきと油揚げのうす味煮　たこの酢の物　豆腐の味噌汁〉、翌日は〈鳥のすきやき（鳥もも肉、もつ、焼豆腐、ねぎ、しらたき、玉子）　たらこのやきもの　のり　大根千切りの味噌汁〉。献立から見えるのは大女優ではなく、明治生まれのお母さんの姿。一方、高峰さんの本には和のお惣

有元葉子
▼『娘に贈るわたしのレシピ』
平成10年　主婦と生活社
母親からの教えのような本。私にとって、有元さんの本の中でリピートの多い料理がたくさんある本です。

菜のほかに「四川風つゆそばのたれ」や「アンディーヴのグラタン」などおしゃれな料理もちらほら見えます。材料と作り方は載っているものの分量はないので、高峰さんならこのくらいの味つけかなと、勝手に想像しながら作るのも楽しい。砂糖をほとんど使わないのがきりりとした高峰さんらしいな、なんて思いながら「ふきの葉の炒り煮」を作ったら絶品でした。

　沢村さん、高峰さんに共通するのは料理好きということ。そしてご主人思いということ。多忙だったはずなのに、料理することを楽しんで、しかもちゃんと家族を喜ばせている。10年くらい前までは自分を含め、仕事で関わる編集者もカメラマンもデザイナーもみんな忙しそうで、もしかすると料理本に携わる人間がいちばん料理をしていなかったかもしれない。自分が生活者にならないでなにかを提案することなんてできるはずがないのに……。私がこれじゃいけないと気づくことができたのは、おふたりの本の力もあったと思います。古い料理本に興味を持ちはじめたのもそのころでした。

　料理本とひとくちに言っても、家庭料理の本からプロ向けの本、見て楽しい本から文字だけのレシピ本、お菓子や外国料理など食生活を豊かにする余暇みたいな料理本までさまざまですが、家庭料理の本はあらゆる人の食の原点になるという意味で、やっぱり特別だと思います。その特別な家庭料理の本のなかでとりわけ特別なのが、私にとっては『うちのおかず』でした。極言すれば私にはこのシリーズと有元葉子さんの『娘に贈るわたしのレシピ』のふたつがあれば、家庭料理の本はほかにいらない。でもそれはあくまで「私には」であって、あなたにとってのそれはまた別の料理本かもしれません。だから料理本はおもしろい。お母さんやおばあちゃんのお手伝いをするなかで自然に覚えるのが本来の家庭の味なのでしょうけれど、いまはライフスタイルが多様化し（私みたいなダメ娘も多いですしね）、何から何までというのはちょっとむずかしい。だからこそふだんから頼れる、第二の家庭の味になりうる料理本を1冊でも身近に置いてもらえたらなと思っています。

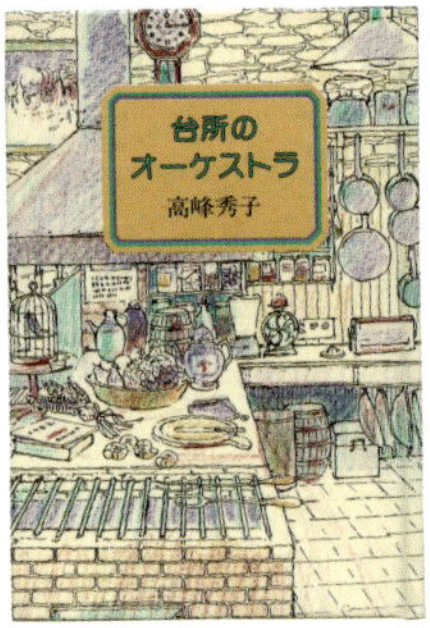

高峰秀子
▼『台所のオーケストラ』
昭和57年　潮出版社

沢村貞子
▼『わたしの献立日記』
昭和63年　新潮社

講談社編
▼『向田邦子の手料理』
平成元年　講談社

この方々のくいしんぼう精神（？）はすごい。おいしい料理は自分の手でつくってこそ、という気持ちが伝わってきます。

「しゅんの料理BOOK
うちのおかず」より

❖この本にのっている「真子とふきの煮物」を、真子（鯛の子）ではなく塩漬けしていない生のたらこでつくりました。「ほうれんそうの白あえ」は春だったのでこごみに替えて。

たらことふきの煮物

4人分

▼たらこ（生）250g ▼ふき200g ▼しょうが10g ▼酒⅓カップ ▼砂糖大さじ3と½ ▼みりん少々 ▼しょうゆ大さじ3と½ ▼木の芽適量

❶たらこは薄い塩水でさっと洗い、3cm幅の輪切りにする。

❷ふきは鍋の大きさに合わせて2〜3等分し、塩少々を加えた熱湯で2〜3分茹でる。

❸❷を水にとって皮をむき、4〜5cmの長さに切りそろえる。しょうがは千切りにする。

❹水1カップと、しょうゆ以外の調味料を煮立てた中にたらこを入れ、しょうがも入れる。

❺たらこの色が変わったら、ふきとしょうゆを加える。色が悪くならないよう、4〜5分煮たところでとり出す。

❖シンプルな調理なのに奥深い味。まるでお店のお料理のようでした。

炊きおこわ

4人分

▼もち米2カップ ▼うるち米½カップ ▼小豆½カップ ▼ごま塩適量

❶小豆は洗い、水をたっぷり加えて茹でる。煮立ってきたらさし水をしながら、豆の腹が切れないように固めに茹でる。

❷❶をざるにとって汁気をきり、乾かないようにぬれ布巾をかぶせておく。茹で汁はとっておく。

❸茹で汁をおたまですくって落とす作業を繰り返す。そうすると濃い色の汁になる。そのまま冷ましておく。

❹もち米とうるち米を一緒にといでざるに上げ、30分ほど水気をきっておいたのち、炊飯器に入れ、上に小豆をのせる。

❺❹に❸の茹で汁を、米と同量加えて普通に炊く。茹で汁が足りなければ水を加える。

❻炊きあがったら器に盛ってごま塩をふる。

❖こんなに簡単なのに、こんなに美味しい！ お赤飯好きはぜひおためしください。

メニューは僕の誇りです
斉須政雄
新潮社
フランス料理を私と
伊丹十三
文藝春秋
至福の味
ミュリエル・バルベリ
早川書房
駅弁物語
瓜生忠夫
檀流クッキング
檀一雄
舌
秋山徳蔵 著
東西文明社
テーブルマナー
たべもの語源抄
坂部甲次郎 著
東京堂
旅と味
戸塚文子
東京創元社
上方の味
大久保恒次
婦人画報社
中華菜
大島はま子 野村万千代 共著
漬け物小百科
酒井佐和子 著
石井好子
東京の空の下オムレツのにおいは流れる
暮しの手帖社
石井好子
巴里の空の下オムレツのにおいは流れる
暮しの手帖社
シャンソンと料理
石井好子
村井弦斎 著
食道楽
村井弦斎 著
食道楽

プロの味

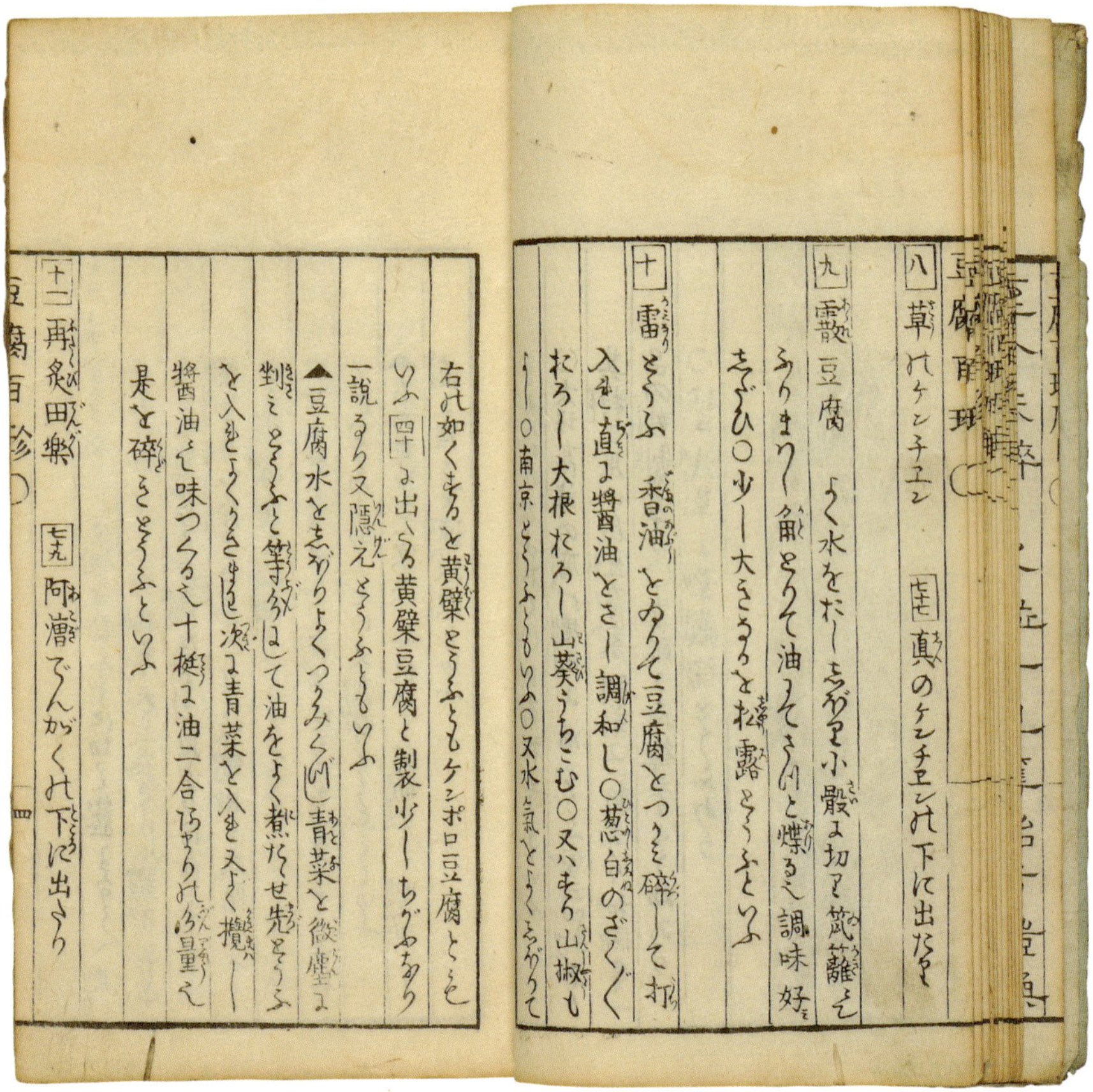

福田浩さんに聞く江戸の料理本

醒狂道人何必醇 輯
▼『豆腐百珍』
天明2年　春星堂藤屋善七
日本人なのに、日本語なのに、きちんと読めない我が身の悲しさ。でも、絵からはちゃんと当時の食の風景がうかがえます。

会うと背筋がしゃんとする、そんな料理人が大塚「なべ家」のご主人・福田浩さんです。江戸料理と言えば福田さん、福田さんと言えば江戸料理と言われるほどの料理人ですが、「東京の料理は関西の料理におされっぱなしですよ」といきなり厳しい言葉が飛び出しました。

「言葉ひとつ見てもわかります。鯛の刺身は東京では『鯛の刺身』、関西では『鯛のお造り』っていうでしょう。旅番組なんか見ていると、東北あたりでも旅館の女将が『鯛のお造りでございます』って言うんですよ。料理に限らず、水は低きに流れるっていうじゃないですか。文化の発信はやっぱり西。日本料理の源泉は西にある。でも少なくとも東京では『鯛のお造り』なんて言ってほしくないなあ」

「江戸前でございと威張れるものといえば、寿司、蕎麦、天ぷら、鰻、この4つくらいでしょうね。これらはいまや世界にも通用する料理。そうそう鰻と言えば、最近じゃ『鰻を捌く』なんて言う。鰻や穴子は捌くものじゃない、『割く』ものです。ついでに言えば鯛や平目は『おろす』もの」

福田さんの口からぽんぽんと飛び出す言葉は、厳しいけれどぜんぜん嫌味なところがなくて、いちいちそうだよなあと頷いてしまう。そういえば、昔の料理本は「〜でなければいけません」「〜です」と言い切ってくれるところが読んでいて気持ちがよくて、福田さんの言葉にはそれと同じような爽快さがあります。

「私が江戸時代の料理に目を啓《ひら》かれたのは、いまから35年ほど前、江戸の料理書を研究されていた川上行蔵《こうぞう》先生の勉強会に参加するようになったのがきっかけでした。ちょうど多くの女子大が食物学に力を入れはじめた頃で、その頃ですかね、それまで古本屋の店先で二束三文で売られていた古い料理本に高値がつくようになったのは」

今回紹介するのは、『豆腐百珍』。かなり年季が入っています。

「それだけ何百回、何千回とページがめくられた証拠でしょう。昔は庶民は気軽に本なんて買えなかったから、みんなでまわし読みしたり、文字のわかる人に読んでもらったりしたんでしょうね」

中を見せてもらうと内容はものすご

▼『豆腐百珍』
福田浩 ほか
平成20年 新潮社
読めない『豆腐百珍』を、しっかり解説してくださった福田さんの『豆腐百珍』。食べて美味しいだけでなく、姿もイキである。

くシンプル、というより、そっけないくらい。分量なんてろくに書かれてもいない。そういえば以前、材料と作り方だけで分量のない料理本を出したら売れなかったなあ——そんなお話をしたら、「なんでもかんでも書いてないとできないという人には、結局料理は身につかないと思いますよ」と福田さん。たしかに、話は違うけれど、自分も方向音痴なものだからついカーナビに頼るのだけれど、そうするとますます道を覚えないし勘もはたらかない。料理もきっと同じだ。

「昔は誰でもごはんを炊いて味噌汁やおかずを作っていたわけですから、料理の基礎レベルがいまとは違うのかもしれませんね。昭和10年代くらいの主婦向けの料理本でも、説明はいまよりぜんぜん少ない」

　なるほど私が持っている昔の料理本も、内容はけっこうおおざっぱ。あれ？さっきは違うことと書いてあったのにな……なんて戸惑うこともしょっちゅうあります。でもどっちのやり方でも大丈夫だったりする。

「調味料は醤油ひとつとっても塩気はまちまち。その日の天候によっても味加減は微妙にかわってくるでしょう。いまの料理本は分量だけは細かいのに、たとえば鍋の大きさや、蓋の要不要がちゃんと書いてないものが多い」

　まえに、「本当においしいものを、間違いなくおいしく再現できる、そんな料理本を作りたい」と書きましたが、「間違いなくおいしく再現できる」ってどういうことかと真剣に考えはじめると、なかなかむずかしい。聞いた話では、いまは料理を作りながら出版社に電話をかけてくる人もいるそうです。そこまで手取り足取り教えなければダメなんだろうか……。

「たぶんいまの若い人たちは失敗するのが怖いんだと思います。でも多少味がおかしくたって、自分が作ったものなら不思議と食べられるものです。今回作った料理が載っている『豆腐百珍』は江戸時代のベストセラーだけあって、どれをつくってもおいしい。豆腐はいろいろな素材と相性がいいし、安いから失敗を恐れずにできますよ」

　見たことも食べたこともないような料理はともかく、ふだんのおかずくらいの料理は、丁寧に書きすぎることで作る人の手足を縛ってしまうこともあるのかもしれない……心のどこかで思っていたことを、福田さんにぴしっと指摘されてすっきり。そういえば、私が料理本に関わるときもっとも大切にしてきたことは、「どんな人にどんな料理を提案するのかを明確にすること」でした。それによって「いい料理本」のかたちもかわってくるのだと思います。

うどんのような形状がユニークな「草の八杯とうふ」。とろみをつけた出し汁をかけていただきます。レシピは左頁に。

『豆腐百珍』より

砕きとうふ

▼木綿豆腐 ▼小松菜 ▼ごま油 ▼しょうゆ

❶ 豆腐と同じ嵩になるくらいの小松菜を用意し、みじん切りにする。

❷ ごま油を熱し、豆腐をつかみくずし入れ、❶の小松菜を加えてさらに炒めてしょうゆで味をととのえる。

❖お料理してくれた福田さんによれば、小松菜は大根の葉にしてもいいそう。最後に砕いた黒胡椒（割り胡椒）をふりかけるのが福田さん流。ピリッとしておいしい！ 柚子のみじん切りも合う。

草の八杯とうふ

▼絹ごし豆腐 ▼八杯汁（出し汁5・しょうゆ1・酒1・みりん1の割合）▼葛 ▼大根

❶ 豆腐はうどんのように長く太く切り、湯に入れて温め、大きめの網杓子ですくい、水気を切って器に盛る。

❷ 八杯汁の調味料を合わせてひと煮立ちさせ、水で溶いた葛でとろみをつけて❶の器に張る。大根をおろして軽く水気を切り、豆腐の上にたっぷりのせる。

❖器に直接湯を張り豆腐を温め、湯を切って八杯汁をかけるほうが豆腐が崩れなくて簡単とか。福田さん曰く、この料理には濃いめの味のほうが合うそうです。濃すぎるなと思ったら、仕上げの大根おろしの量で調節してください。

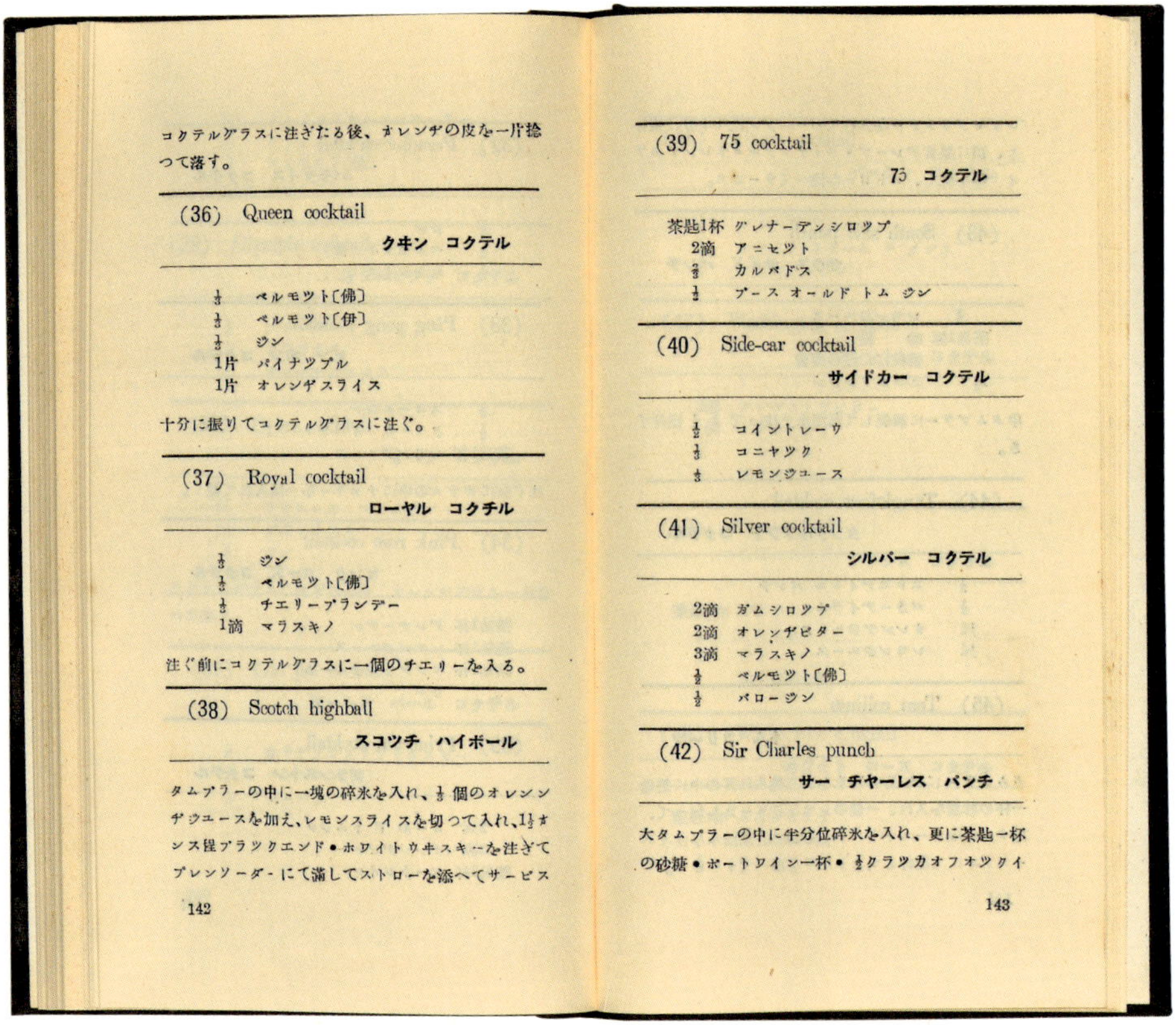
コクテルグラスに注ぎたる後、オレンヂの皮を一片捻つて落す。

(36) Queen cocktail

クキン コクテル

$\frac{1}{3}$ ベルモツト〔佛〕
$\frac{1}{3}$ ベルモツト〔伊〕
$\frac{1}{3}$ ジン
1片 パイナツプル
1片 オレンヂスライス

十分に振りてコクテルグラスに注ぐ。

(37) Royal cocktail

ローヤル コクチル

$\frac{1}{3}$ ジン
$\frac{1}{3}$ ベルモツト〔佛〕
$\frac{1}{3}$ チエリーブランデー
1滴 マラスキノ

注ぐ前にコクテルグラスに一個のチエリーを入る。

(38) Scotch highball

スコツチ ハイボール

タムブラーの中に一塊の砕氷を入れ、$\frac{1}{3}$個のオレンンヂジユースを加え、レモンスライスを切つて入れ、$1\frac{1}{2}$オンス程ブラツクエンド・ホワイトウヰスキーを注ぎてプレンソーダーにて満してストローを添へてサービス

142

(39) 75 cocktail

75 コクテル

茶匙1杯 グレナーデンシロツプ
2滴 アニセツト
$\frac{2}{3}$ カルバドス
$\frac{1}{2}$ ブース オールド トム ジン

(40) Side-car cocktail

サイドカー コクテル

$\frac{1}{2}$ コイントレーウ
$\frac{1}{3}$ コニヤツク
$\frac{1}{3}$ レモンジユース

(41) Silver cocktail

シルバー コクテル

2滴 ガムシロツプ
2滴 オレンヂビター
3滴 マラスキノ
$\frac{1}{2}$ ベルモツト〔佛〕
$\frac{1}{2}$ バロージン

(42) Sir Charles punch

サー チヤーレス パンチ

大タムブラーの中に半分位砕氷を入れ、更に茶匙一杯の砂糖・ポートワイン一杯・$\frac{1}{2}$クラツカオフオツクイ

143

間口一就さんに聞くハイボールとつまみの秘密

▼小山雅之
『ドリンクス』
昭和7年 菓業経済社
じつは夫の蔵書ですが……ちょうど新書ほどの大きさで、函入りのシンプルな装丁がおしゃれ。約300のレシピが載っています。

　父はとてもお酒が好きな人で、子供のころはそれがいやでした。だから自分は絶対飲まないと決めていたのですが、ある日、ものはためしと思って飲んでみたら、ぜんぜん酔わない。あれ？あれ？と思っているうちにすっかりお酒好きになって、いまでは家での晩酌もあたりまえに……。

　酒飲みにはお酒だけでがんがん酔えるタイプと、おつまみがないとだめなタイプがありますが、私は完全に後者。そしていま、書店の料理本コーナーは「つまみ本」全盛期という様相です。この手の本は昔もあって、昭和34年に出た酒井佐和子さんの『酒の肴』はレシピも充実しており、読み物としてもおもしろくておすすめ。冒頭のエッセイのタイトルはなんと「妻の座」。〈むかしから「とかく男はエサと床《とこ》」とまでいわれるように、男心は単純であり微妙である〉と、いきなり、酒場に夫の心を奪われないようその心得が説かれます。酒井さんはもともと東京・有楽町、日本橋でお茶漬けの店を営んでいた人で、乞われるままに酒の肴をこしらえては世のお父さんたちに喜ばれていたようです。

　さて、ひるがえって現代。その有楽町のお隣銀座に、いっぷうかわったおつまみを出すバーがあります。店の名前は「ロックフィッシュ」、店主は間《ま》口一就《ぐちかずなり》さん。ここで「奈良漬サンド」を食べたときの衝撃は今でも忘れません。かりっと焼いたトーストに薄切りにしたプロセスチーズと奈良漬けを挟んだ、ただそれだけのものなのですがこれが絶妙。ほかにもメニュー表には「コンビーフの白和えとソフトパン」やら「おきつねチーズ」やら、オリジナリティあふれるつまみが並びます。間口さんがカウンターの奥、コックピットみたいな小さな場所でオーブントースターひとつ、コンロひとつから生みだしたおつまみは、優に100種を超えるとか。間口さんいわく、「それにひきかえ酒の種類はバーにしてはあり得ないくらい少ないですね」。

　見渡すと、お客さんの前にあるのはみーんなハイボール。基本は角瓶なので、ほかのお酒が出ることはあまりないのだそうです。本来ならボトルが並んでいるはずの棚やカウンターには、かわりに古い本が。料理本が多く、酒井さんの『酒の肴』もちゃんとありました。間口さんのお気に入りは、高峰秀子さんの『台所のオーケストラ』［92頁］、それから昭和45年に出た『オムレツの本』［26頁］。『カクテルの本』なんていうバーらしい本もありましたが……。

「カクテルの注文ですか？　年に2回くらいですかねえ（笑）。最初は棚もカウンターもボトルで埋まっていたんです。でもそんなにお客さん来ないしなあって。1本売り切るごとに本に化けていきました」

　そんなお店もいまでは開店の午後3時から閉店の11時まで、お客さんがひっきりなし。「ハイボールは昭和30年代に一度流行った飲み物です。昭和50年くらいから水割りが主流になりましたが、ここに来てまた人気が復活しました」

▼『酒の肴』
酒井佐和子
昭和34年　婦人画報社
思わず1杯やりたくなる本。が、酒井さんご本人はお酒が一滴も飲めなかったらしい。内容にピッタリの装丁もすばらしいです。

ロックフィッシュの定番ハイボール。おつまみは「奈良漬サンド」と「いちぢくのチョコレート」。

そもそも間口さんはなぜハイボールを？「泡があって喉ごしがいいし、ロックよりも飲みやすい。なによりつまみとの相性が抜群でしょ」

私も間口さんに教えてもらって家でハイボールをつくるのですが、どうしても同じ味にはなりません。

「冷たい飲みもので美味しいと感じる温度は4度と言われています。うちではウイスキーとグラスは冷凍庫、ソーダ水は冷蔵庫に入れ、混ぜるとちょうど4度くらいになるようにしています。氷を入れると冷えすぎてしまうので、氷はナシ」

そういえば『酒の肴』にもこんなくだりがありましたっけ。

〈『ここのうちの酒はうまいね、どこの酒だ』ときかれるので、酒は白鷹の特級ですがと答える。『へんだナァ、うちでも同じ酒だがこんなにうまくないよ』こんな言葉を毎日何回となく耳にするけれど、それはかんのつけ加減と酒のさかなによると思う。上かんは五十五度ぐらい、ぬるかんは四十度ぐらい、その人その人の好みにもよるが、中かんの四十五度くらいならどちらにも向く温度だと思われる〉

酒の肴には料亭のような凝った料理はだめだそうで、〈どの味もうますぎて酒には合わない。それなら酒にはまずい料理がよいのかというとそうでもない。うまい料理はよいけれど、味をいじりすぎて肝心の材料そのものの持ち味をみうしなってしまい、残るのはつけ味だけであって、これでは酒にはマッチしないということになる〉。

間口さんのつまみも、料理料理していないゆるゆるしたところがいい。

「店のメニューも種類は多いけれど、食材はそう多くないんですよ。つまみって要は組み合わせなんです。調理器具も材料も時間も制約があるからこそ、逆に考え甲斐があってたのしい」

その間口さんがはじめて出した本が『バーの主人がこっそり教える味なつまみ』。「なす漬けものプロシュート巻き」とか「お麩キャラメル」など、店のメニュー以上にええっ!?という組み合わせが満載で、読みながら大笑い。読んだあとは、家にあるあれとあれを組み合わせてもいいかもなんて、こちらの頭も柔軟になります。自宅に人を呼んでわいわい飲みながら、この本を広げて一品つくれば、さらにたのしくおいしいお酒になること請けあいです。

▼『バーの主人がこっそり教える味なつまみ』

間口一就

平成21年　柴田書店

カレー粉バナナ、マシュマロオムレツなど、よくぞこんな組み合わせを……と思うものが多々あり。間口さんのおかげでハイボールに目ざめました。

『ドリンクス』より

スコッチハイボール

グラスに砕いた氷を入れ、⅓個分のオレンジジュースとレモンスライスを1枚入れ、1と½オンス（約45cc）のウィスキー（ブラック・アンド・ホワイト）を注ぎ、炭酸水で満たす。

❖この日のためになんとヴィンテージの「ブラック・アンド・ホワイト」を用意して、『ドリンクス』のレシピそのままに再現してくれた間口さん。ちなみにロックフィッシュ流のハイボールは、冷凍庫でよく冷やしたウィスキー（サントリー復刻版角瓶）60ccを冷えたグラスに注ぎ、冷たい炭酸水190ccを一気に入れるというもの。最後にレモンの皮をしぼります。

『酒の肴』より

ピーマンのオイル漬け

▼ピーマン5個 ▼玉ねぎ大1個 ▼塩小さじ2 ▼酢½カップ ▼サラダオイル½カップ ▼レモンの皮少々

❶ピーマンは縦八つ割りにし、種子を出してヘタを切り、きれいに洗って水を切る。

❷玉ねぎも縦八つ割りにして❶と混ぜ、塩を振り、ボウルに入れる。

❸サラダオイルと酢を混ぜて鍋に入れ煮立てて、熱いうちに❷の材料にかける。いったんかけたオイルを鍋に戻し、ふたたび煮立ててまた材料にかける。同じことをもう一度くり返したら、押し蓋をし重石をのせ、1日おく。食べるときにレモンの皮を糸切りにして風味をそえる。

❖こちらは私が作って持参。独特の苦味と歯ごたえが美味。

金塚晴子さんと和菓子の時間

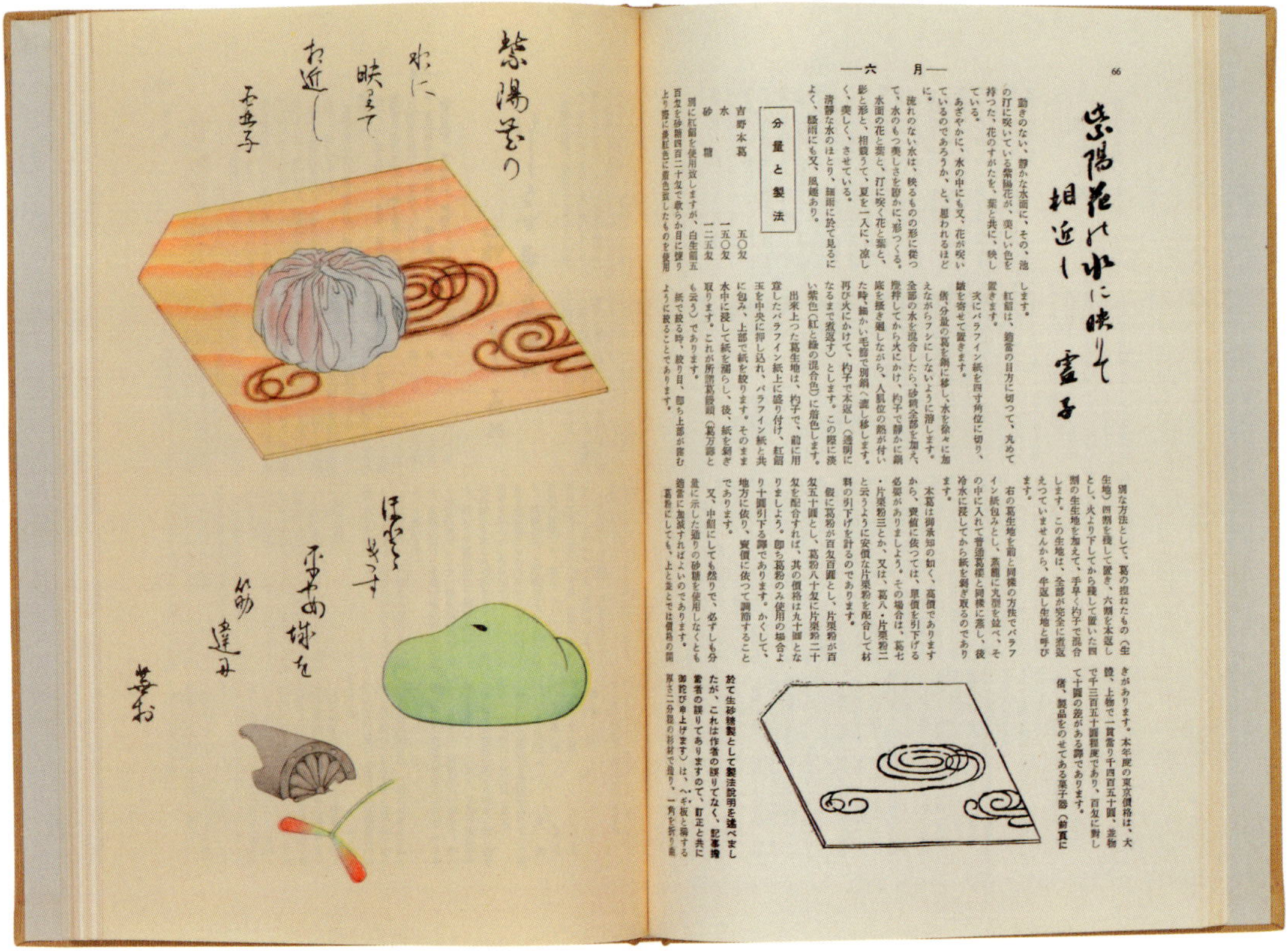

—六　月—　66

動きのない、静かな水面に、その、池の汀に咲いている紫陽花が、美しい色を持った、花のすがたを、葉と共に、映している。

あざやかに、水の中にも又、花が咲いているのであろうか、と、思われるほどに。

流れのない水は、映るものの形に従って、水のもつ美しさを鮮かに、形つくる。

水面の花と葉と、汀に咲く花と葉と、影と形と、相競うて、夏を一入に、涼しく、美しく、させている。

清静な水のほとり、細雨に於て見るによく、騒雨にも又、風趣あり。

分量と製法

吉野本葛	五〇匁
水	一五〇匁
砂糖	一二五匁

別に紅餡を使用致しますが、白生餡五百匁を砂糖四百二十匁で軟らか目に煉り上り際に淡紅色に着色致したものを使用します。

紅餡は、適当の目方に切って、丸めて置きます。

次にパラフィン紙を四寸角位に切り、皺を寄せて置きます。

偖、分量の葛を鍋に移し、水を徐々に加えながらフシにしないように溶します。全部の水を混合したら、砂糖全部を加え、攪拌してから火にかけ、杓子で静かに鍋底を掻き廻しながら、人肌位の熱が付いた時、細かい毛篩で別鍋へ漉し移します。再び火にかけて、杓子で本返し（透明になるまで煮返す）とします。この際に淡い紫色（紅と緑の混合色）に着色します。

出来上った葛生地は、杓子で、前に用意したパラフィン紙上に盛り付け、紅餡玉を中央に押し込れ、パラフィン紙と共に包み、上部で紙を絞ります。そのまま水中に浸して紙を湿らし、後、紙を剥ぎ取ります。これが所謂葛饅頭（葛万頭とも云う）であります。

紙で絞る時、絞り目、即ち上部が窪むように絞ることであります。

別な方法として、葛の捏ねたもの（生地）四割を残して置き、六割を本返しとし、火より下してから残して置いた四割の生生地を加えて、手早く杓子で混合します。この生地は、全部が完全に煮返えっていませんから、半返し生地と呼びます。

右の葛生地を前と同様の方法でパラフィン紙包みとし、蒸籠に丸型を並べ、その中に入れて普通葛櫻と同様に蒸し、後冷水に浸してから紙を剥ぎ取るのであります。

本葛は御承知の如く、高價でありますから、賣價に依っては、原價を引下げる必要がありましょう。その場合は、葛七・片栗粉三とか、又は、葛八・片栗粉二と云うように安價な片栗粉を配合して材料の引下げを計るのであります。

假に葛粉が百匁百圓とし、片栗粉が百匁五十圓とし、葛粉八十匁に片栗粉二十匁を配合すれば、其の價格は九十圓となりましょう。即ち葛粉のみ使用の場合より十圓引下る譯であります。かくして、地方に依り、賣價に依って調節することであります。

又、中餡にしても然りで、必ずしも分量に示した通りの砂糖を使用しなくとも適当に加減すればよいのであります。

葛粉にしても、上と並とでは價格の開きがあります。本年度の東京價格は、大體、上物で一貫當り千四百五十圓、並物で千三百五十圓程度であり、百匁に對して十圓の差がある譯であります。

偖、製品をのせてある菓子器（前頁に於て生砂糖製として製法説明を述べましたが、これは作者の誤りでなく、記事擔當者の誤りでありますので、訂正と共に御詫び申上げます）は、へぎ板と稱する厚さ二分程の杉材で造り、一角を折り曲

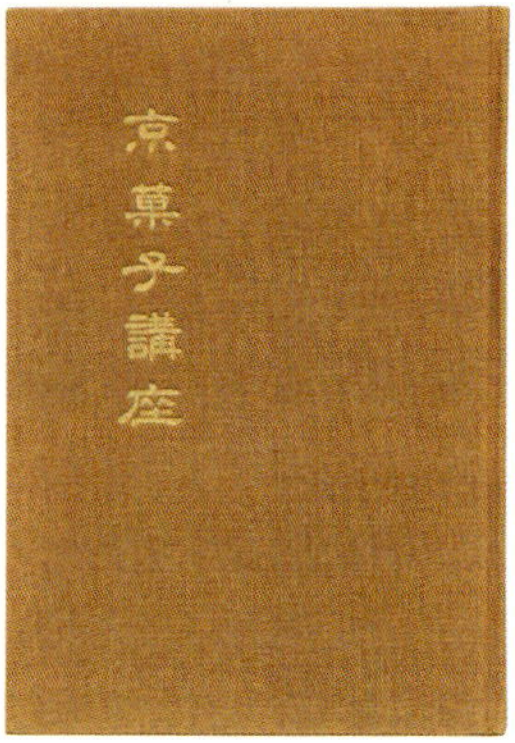

▼『京菓子講座』

昭和33年　製菓実験社

金塚さんの本棚より拝借。「京菓子基礎講座」「京俳菓十二ヶ月」「京菓子短歌撰」の項にわかれていて、なかにはなぜか洋菓子も。

酒飲みの父親は、なんと大の甘党、それも和菓子好きだったので、小さいころから家に和のお菓子があるのがふつうでした。練り切り、羊羹《ようかん》、濡れ甘納豆、串だんご、あんこ玉など、日によってさまざまでしたが、週末、庭仕事を終えた父が、お茶とともに和菓子を食べる姿はそれはそれは幸せそうでした。今回お菓子を作ってくださった金塚晴子さんのお父様もかなりの和菓子好きだったようで、とはいえそれがきっかけで和菓子作りをはじめたのかというと、そうではないらしい。金塚さんはじつはレコード会社の元敏腕ディレクター。なんて聞くと、バリバリのキャリアウーマンを思い浮かべるかもしれませんが、私の中では淡い色をした上生菓子のような、ほんわかとした空気をまとった大人の女性。金塚さんは、仕事の気分転換にと製菓学校に通いはじめ、途中、会社を辞めたものの、そのときは和菓子を仕事にするつもりはまったくなかったのだそうです。知り合いの料理屋さんや、友人の茶会や法事にぽつぽつお菓子を頼まれたりするうちに縁がつながって、教室を開くようになったとのこと。やがて和菓子づくりの本『ほーむめいど和菓子』を出版。それがかれこれ15年ほど前のことで、この本のスタイリングをさせていただいたのが、私が金塚さんに出会った最初でした。

書名からもわかるように、職人じゃないふつうの人が和菓子を気軽に作れる方法を提案する、というのが金塚さんのねらい。だから金塚さんの和菓子の本は、専門の知識や道具がなくてもチャレンジできるようになっています。金塚さん自身も、堀正幸さんの『手作りの和菓子—プロが教える茶の間の菓子・茶席の菓子』(昭和58年　婦女界出版社)に出会って、堀さんの教える製菓学校に通うことにしたそうなのですが、さらにそのハードルを低くしたのが金塚さんの著書、ということになるでしょうか。

じつは私も金塚さんの教室に2年ほど通わせてもらいました。まあ私の場合は、作れるようになりたいというよりは、教室でモチモチの種を捏ねたり、お茶をいただく時間そのものが楽しかったというのが本音なのですが……。だから和菓子の本を選ぶときもレシピというより見た目重視。『カラー京都の菓子』(昭和47年　淡交社)もレシピはなく、写真と解説のみです。『京菓子

▼『フォトあまカラ帖』
カメラ・葛西宗誠　文・大久保恒次
昭和39年　三和図書
宇治茶、わかめ、八丁味噌など、20のテーマにまつわるルポルタージュ。金塚さんも絶賛の1冊です。

講座』は金塚さんがお持ちだったものですが、これはイラストがとてもすてき。どちらも京菓子ですが、金塚さんいわく、

「京都と東京ではおなじものをテーマにしたお菓子でも見た目がぜんぜん違うんです。たとえば京都のは松なら松のかたちをデザイン化して作るのだけれど、東京は松そのものをそっくり再現した写実的なものが多い。職人の腕の見せどころが微妙に違うんですね。とはいえそれはプロの話。素人でも、色とかたちと素材の組み合わせ次第でいろいろなものが作れる、そこが和菓子作りの魅力だと思います」

その上、買うよりがんばってでも自分で作った方がおいしい、というのが、今回作っていただいた葛菓子。

「葛まんじゅうは冷やして食べるものですが、冷蔵庫に入れると白濁して固くなってしまいます。蒸して流水で冷やしたところを、すぐにいただくのがいちばん」

葛といえば吉野がすぐに思い浮かびますが、葛はものによって価格も品質もさまざまなのだそうです。教室では価格と味のバランスがちょうどよい福井県産のものを使っているとか。昭和39年刊の『フォトあまカラ帖』には当時の葛の採集や精製の様子が紹介されており、なるほどこれは手間がかかりそうです。

一方、金塚さんがこれまであまり家庭で作ることをおすすめしてこなかったのが、柏餅やだんごといった餅菓子のたぐい。

「本来、だんごはだんご屋さんじゃないとおいしくはできないものなんです。石臼と杵があって、ちゃんと手返しができる職人さんがいないと」

私もいちど教室で柏餅を作りましたが、これだけは上手にできなかったっけ……。もっとも金塚さん、その後、試行錯誤の末、家でも柏餅を簡単においしく作れる方法を編み出したとか。

恥ずかしながら子供のころの夢が、「みたらしだんごをお腹いっぱい食べる」だった身としては、町から餅菓子屋がなくなりつつある昨今の状況が寂しくてなりません。今回取り上げた本は上生菓子のみでしたが、家での和菓子の基本は、おいしいお茶を淹れて、ゆったりとした時間を楽しむこと。あれ、やっぱり金塚さんと和菓子ってなんだか雰囲気が似ているような。ともあれ、日本人に生まれてよかったーとしみじみ思うこの瞬間を、これからも大切にしていきたいと思います。

金塚晴子
▼『ほーむめいど和菓子』
平成9年　文化出版局
現代の私たちでも気軽に作れる和菓子を紹介。小ぶりな判型、デザイン、色使いと、すべてが金塚流。

金塚晴子さんのレシピより

枝豆あんの葛まんじゅう

10個分
▼本葛50g ▼グラニュー糖100g ▼水200cc ▼枝豆あん200g

❶枝豆あんを10等分して丸めておく。ラップを1辺15㎝以上の四角に切っておく（10枚）。
❷葛種をつくる。ボウルに⅔の分量の葛を入れ、水でよく溶いて鍋に漉し入れ、残りの水でボウルの底に残った葛をきれいに溶いて残さず鍋に漉し入れる。
❸❷にグラニュー糖を加えよく混ぜ、火にかけ木ベラでかき混ぜながら溶かす。
❹グラニュー糖が溶けたら¼を別のボウルにとっておき、残りを火にかけ練る。
❺鍋底からコンニャク状の透明な塊が少しずつ出来てくるので、透明なものが全体の6割くらいになったら、火からおろし、力強く練る。全体を半透明でなめらかな糊状にする。もし火を入れすぎ固くなったら、❹で取りわけた種から適量を加え、なお強く練り、なめらかな糊状にする。
❻ラップを広げ、真ん中にピンポン球くらいの葛種をスプーンでのせ、直径6㎝ほどに広げ、その上にあん玉をのせる。途中、種が固くなったり、半端にあまったときは、❹で取り分けた種を適量加えて火にかけ、練り直すとなめらかな種になる。
❼ラップごと種であん玉を包むように押し込み、ラップを茶巾にしてイグサ等で口をキュッと縛る。
❽蒸し器に布巾を敷き、❼を並べて中火で8分蒸す。
❾蒸し上がったらラップごと流水につけ、冷えたらラップを丁寧にはがす。
❖中のあんはお好みのものをどうぞ。今回の枝豆あんはよく茹でた枝豆をフードプロセッサーでなめらかにし、白あんと砂糖を加えて練ったもの。

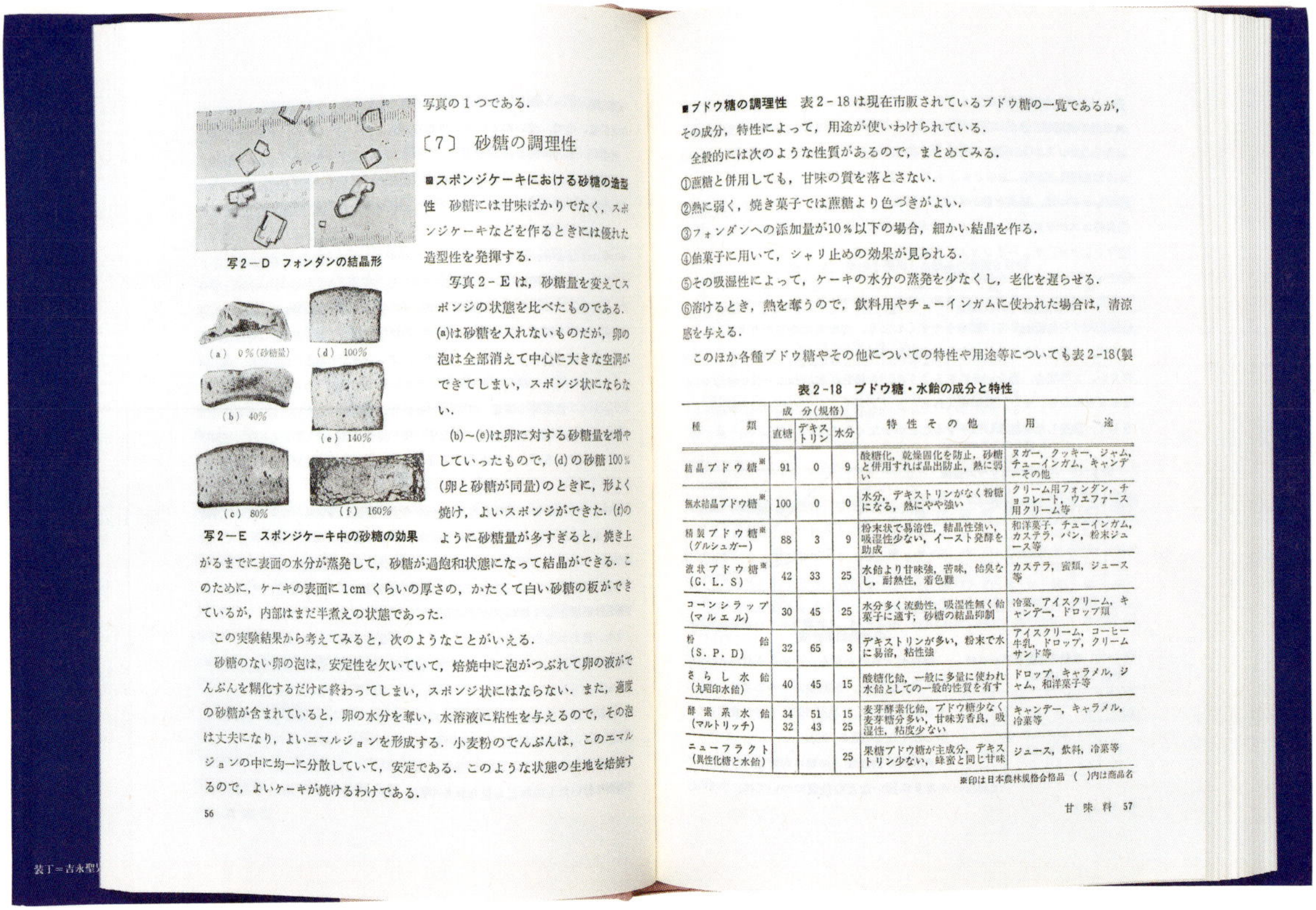

写真の１つである．

〔7〕 砂糖の調理性

■スポンジケーキにおける砂糖の造型性　砂糖には甘味ばかりでなく，スポンジケーキなどを作るときには優れた造型性を発揮する．

写真２－Ｅは，砂糖量を変えてスポンジの状態を比べたものである．(a)は砂糖を入れないものだが，卵の泡は全部消えて中心に大きな空洞ができてしまい，スポンジ状にならない．

(b)～(e)は卵に対する砂糖量を増やしていったもので，(d)の砂糖100％(卵と砂糖が同量)のときに，形よく焼け，よいスポンジができた．(f)のように砂糖量が多すぎると，焼き上がるまでに表面の水分が蒸発して，砂糖が過飽和状態になって結晶ができる．このために，ケーキの表面に1cmくらいの厚さの，かたくて白い砂糖の板ができているが，内部はまだ半煮えの状態であった．

この実験結果から考えてみると，次のようなことがいえる．

砂糖のない卵の泡は，安定性を欠いていて，焙焼中に泡がつぶれて卵の液がでんぷんを糊化するだけに終わってしまい，スポンジ状にはならない．また，適度の砂糖が含まれていると，卵の水分を奪い，水溶液に粘性を与えるので，その泡は丈夫になり，よいエマルジョンを形成する．小麦粉のでんぷんは，このエマルジョンの中に均一に分散していて，安定である．このような状態の生地を焙焼するので，よいケーキが焼けるわけである．

写２－Ｄ　フォンダンの結晶形

(a) 0％(砂糖量)　(b) 40％　(c) 80％　(d) 100％　(e) 140％　(f) 160％

写２－Ｅ　スポンジケーキ中の砂糖の効果

56

■ブドウ糖の調理性　表２－18は現在市販されているブドウ糖の一覧であるが，その成分，特性によって，用途が使いわけられている．

全般的には次のような性質があるので，まとめてみる．

①蔗糖と併用しても，甘味の質を落とさない．

②熱に弱く，焼き菓子では蔗糖より色づきがよい．

③フォンダンへの添加量が10％以下の場合，細かい結晶を作る．

④飴菓子に用いて，シャリ止めの効果が見られる．

⑤その吸湿性によって，ケーキの水分の蒸発を少なくし，老化を遅らせる．

⑥溶けるとき，熱を奪うので，飲料用やチューインガムに使われた場合は，清涼感を与える．

このほか各種ブドウ糖やその他についての特性や用途等についても表２－18(製

表２－18　ブドウ糖・水飴の成分と特性

種類	成分(規格) 直糖	デキストリン	水分	特性その他	用途
結晶ブドウ糖※	91	0	9	酸糖化，乾燥固化を防止，砂糖と併用すれば晶出防止，熱に弱い	ヌガー，クッキー，ジャム，チューインガム，キャンデーその他
無水結晶ブドウ糖※	100	0	0	水分，デキストリンがなく粉糖になる，熱にやや強い	クリーム用フォンダン，チョコレート，ウエファース用クリーム等
精製ブドウ糖※(グルシュガー)	88	3	9	粉末状で易溶性，結晶性強い，吸湿性少ない，イースト発酵を助成	和洋菓子，チューインガム，カステラ，パン，粉末ジュース等
液状ブドウ糖※(G．L．S)	42	33	25	水飴より甘味強，苦味，飴臭なし，耐熱性，着色難	カステラ，蜜類，ジュース等
コーンシラップ(マルエル)	30	45	25	水分多く流動性，吸湿性無く飴菓子に適す；砂糖の結晶抑制	冷菓，アイスクリーム，キャンデー，ドロップ類
粉飴(S．P．D)	32	65	3	デキストリンが多い，粉末で水に易溶，粘性強	アイスクリーム，コーヒー牛乳，ドロップ，クリームサンド等
さらし水飴(丸昭印水飴)	40	45	15	酸糖化飴，一般に多量に使われ水飴としての一般的性質を有す	ドロップ，キャラメル，ジャム，和洋菓子等
酵素系水飴(マルトリッチ)	34 32	51 43	15 25	麦芽酵素化飴，ブドウ糖少なく麦芽糖分多い，甘味芳香良，吸湿性，粘度少ない	キャンデー，キャラメル，冷菓等
ニューフラクト(異性化糖と水飴)			25	果糖ブドウ糖が主成分，デキストリン少ない，蜂蜜と同じ甘味	ジュース，飲料，冷菓等

※印は日本農林規格合格品　(　)内は商品名

甘味料 57

おいしさをはぎとるように柴田書店の本づくり

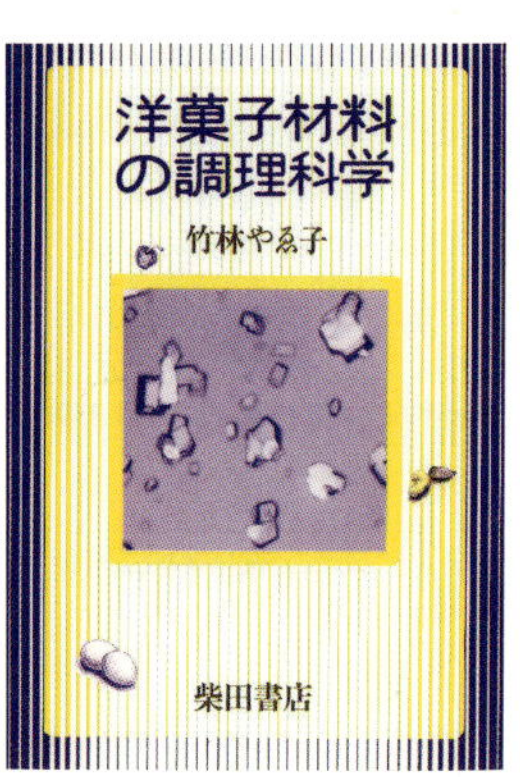

▼『洋菓子材料の調理科学』
竹林やゑ子
昭和55年　柴田書店

柴田書店の編集者、猪俣幸子さんの先生みたいな本。調理科学の知識は料理本を編集する上では欠かせない。洋菓子作りは科学なのだ。

料理好きならご存じと思いますが、料理書専門の出版社といえば柴田書店。料理本を語るのに柴田書店ははずせない！　というわけで、編集部員ではいちばんの古株、書籍編集部部長の猪俣幸子さんにお願いして、東京湯島の会社にお邪魔させていただきました。

　私が柴田書店の本の仕事をさせてもらうようになったのは1990年代の終わり頃でした。はじめての撮影現場で「これいま何度だっけ？」「60度です」――なんていうシェフと猪俣さんの会話を聞いたときはびっくりしたものですが、柴田書店の編集者はプロ並みに料理に詳しかったりするのです。彼らはペン、メモ帳、定規に、最近ではデジカメも加わって、それらを両手に、シェフにぴたりと張りついて料理が出来るまでの一挙一動を記録。猪俣さんによれば、シェフの言うことは裏をとってから書け、というのが柴田書店の鉄則なのだそうです。

「シェフはおいしい料理をくり返し作る技術や経験は豊富。そこから得た経験則は学者の知識を超えます。でも、調理科学的な正しい説明ができるかというと、それはまた別の話。だから編集者としては作る過程を目でしっかり見て、さらに参考書で確認した上で、レシピを書き起こしていきます」

　竹林やゑ子著の『洋菓子材料の調理科学』は、元素記号などが飛び交う、素人にはちんぷんかんぷんな本ですが、猪俣さんはこれをバイブルにして仕事をしてきたのだとか。ちなみに編集者にはそれぞれ得意分野があって、猪俣さんの場合はお菓子。仕事の基本はまず食べることで、食べて食べて食べまくっておいしい店を探す。結果、太る、早食いになる、はまだしも、病気にまでなってしまったというのだから、食べることが好きとはいえたいへんな仕事です。そんな猪俣さんに敬意を表して、柴田書店から出ているお菓子の本『私の英国《イギリス》菓子』からショートブレッドを作って持参しました。この本、まだ料理本のスタイリストを始める前に買った本で、家庭向けですが、お菓子作りにはまったく興味がなかったのに（でも料理本には興味があった）、思わず惹かれて買った本です。

　柴田書店は小倉の書店の次男坊だった柴田良太氏が昭和25年に創業。28年の『調理のための食品成分表』（松元文子）のヒットがきっかけで、料理書専門出版社の道を歩み始めます。良太氏は、当時低く見られていた料理人の地位向上に努め、京都の料理人たちに、門外不出をかたくなに守っていたレシピの公開を呼びかけるなど、外食産業の発展にも寄与したそうです。しかし41年、自社の雑誌「月刊食堂」用の原稿に「よい仕事を残したいと思う」と書いたのを最後に、飛行機事故で突然世を去りました。まだ41歳だったそうです。

「良太の志はいまも受け継がれています。業界の発展に寄与するというのは、柴田書店が常に一番に考えていること。業界のいまに密着しているのが雑誌の編集部で、書籍部はそこから業界が求めているものを掬い上げて、本にする。

▼大原照子『私の英国菓子』
昭和60年　柴田書店

家庭の洋菓子バイブルとして定着した本。柴田書店だけあってレシピも確か。当時、アフタヌーンティという言葉にあこがれて、この本を手にした人も多いのでは。

うちの本は完全に実用書なんです」

　実用書というだけあって、柴田書店の最近の本はプロセス写真が多い。猪俣さんは平成8年創刊の「CAKEing」というケーキのムックを編集した頃から徹底的にプロセス写真にこだわるようになったといいます。

「メレンゲの泡立て方ひとつとっても、状態がいろいろあるわけです。とくにお菓子は泡立て具合など途中の状態が出来上がりを左右するので、そこはしっかり紹介したい。ただ、以前あるパティシエから、昔の文字だけの本は想像力がかきたてられて試行錯誤しながら作るのが楽しかった、と言われたことがあって、その言葉はいまでも頭に残っています。もっと別のやり方もあるのかなって」

　まだまだ悩みながらやっている、という猪俣さんですが、プロセスを大事にするという姿勢は、私自身はとても勉強になりました。おもに家庭向けの本を手がけてきた自分としては、雰囲気重視でわかりやすさや料理の再現性がおろそかになっている本が多いなか、逆に再現性が高い本ってどういうことだろうと考えることがあって、そんなときに行き着くのはたいてい柴田書店の本なのです。

　そして最近、ページの美しさと明快さというのは同じことなんじゃないか、と思うようになりました。美しくなければ明快じゃないし、明快じゃなければ美しくない。

スタイリング

に関して言えば、家庭向けとプロ向けの本では撮影にのぞむ態度はまったく違います。家庭向けの本は、思わず料理したくなるような、感情に訴えかける要素を入れることと、料理家の色を出すことを心がけていますが、シェフの本の場合は料理そのものがぐっと前面にくるように、器があったんだ、というくらい料理と器が一体化してたらいいなと。猪俣さんは「おいしさをはぎとる」と表現していましたが、たしかなシェフの料理は料理自体に力があるから、スタイリングしているというより、させられている、といった方が合っているかもしれません。たぶん、カメラマンも撮らされているし、デザイナーもデザインさせられている。編集者も同じで、猪俣さんも「この人の技術を残さなきゃ」という使命感にかられることがあるとのことでした。とはいえ身を挺してこれぞというシェフを見つけ、気乗り薄なシェフを口説き、その良さをさらに引き出して、間違いのない文章にまとめあげる、というのはたいへんなこと。柴田書店を興した柴田良太氏と、その志を受け継いできたみなさんには本当に感謝！　そして良太氏の「よい仕事を残したいと思う」という最後の言葉を、我がことととして嚙みしめる今日この頃です。

柴田書店によるお菓子本の名著の数々。『ウィーンの銘菓』（昭和45年）、『ヨーロッパの銘菓』（昭和47年）、『洋菓子＝基礎と応用』（昭和53年）、『キャンティの甘いお菓子・甘くないお菓子』（昭和57年）、「CAKEing VOL.1」（平成8年）など。

『私の英国菓子』より

ショートブレッド

直径20㎝

▼薄力粉225g▼上新粉30g▼無塩バター170g▼グラニュー糖85g

サラダ油をオーブンの天板の中央に、直径25㎝ほどの円形に薄く塗っておく。オーブンを170度に熱しておく。

❶ボウルに冷やしておいたバターを入れ、ナイフで細かく刻む。米粒大になったら、グラニュー糖を3回に分けて加え、木のスプーンで十分に混ぜる。

❷薄力粉と上新粉は合わせてふるい、❶に3回に分けて加え、木べらで混ぜる。おおむね混ざったら、指先で軽くこね、ひとまとめにする。この時、少しぱらっとした状態だが水分は加えないこと。ポリ袋に入れ、冷凍庫で15分休ませる。

❸打ち粉をした台の上に❷の生地を取り出し、麺棒で直径20㎝の円形にのばす。縁を指先でつまんで飾りをつけ、包丁で放射状に8等分の切り込みを入れ、フォークで数カ所空気穴をあける（厚みの半分まで）。

❹オーブンの中段に入れて10分焼き、次に温度を160度にして10〜15分、表面にかすかに焼き色がつくまで焼く。焼き上がったら金網の上で冷まし、保存する時は湿らないように缶に入れる。

❖本のレシピに忠実に作ったところ、とてもおいしくできました。ただし最初、焼いている途中で縁がたれ下がってしまったので、2回目の今回は金属のタルト型を使用。この場合、サラダ油は天板ではなく、型に塗ります。

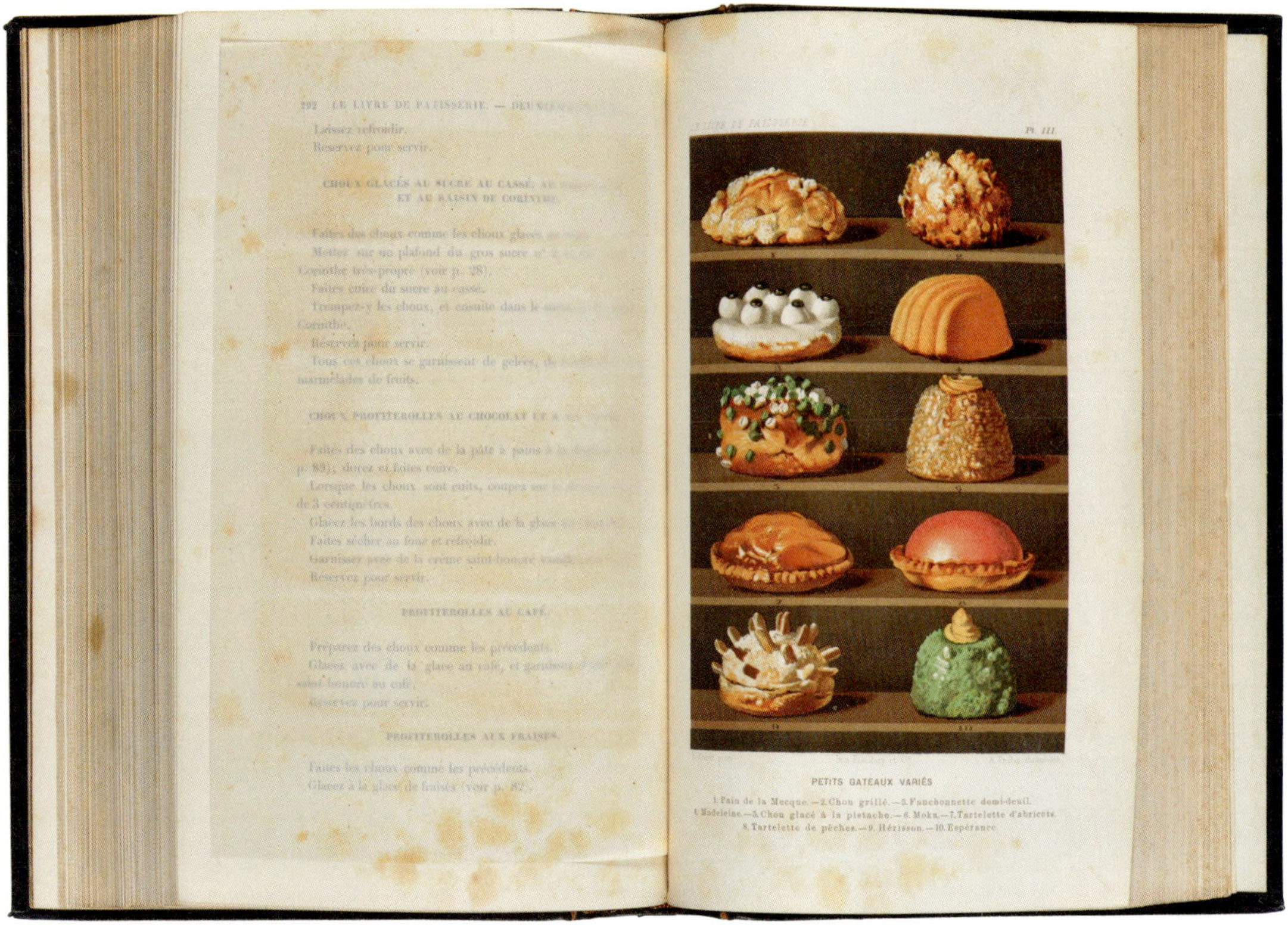

河田勝彦さんの書斎から

Jules Gouffé
▶*Le Livre de Pâtisserie*
Hachette, 1873

河田さんの古書選びのポイントは挿絵。モノクロの版画に混じって、色つきのものも。こういう読書の蓄積から、今日の河田さんのお菓子が生まれる。

私がはじめてスタイリングをさせてもらったプロ向けの料理本は『河田勝彦の菓子 ベーシックは美味しい』でした。河田さんは世田谷の尾山台に「オーボンヴュータン」という大事なお店を抱えているので、本の撮影は店の仕込み後の夕方から。撮影用といえど、分量も工程もいつもどおり。だから終わりが夜中の12時をまわるのは毎度のことでした。本が出たのは平成14年ですが、撮影は3年前からスタートしていたので、当時河田さんは50代半ば。あれから10年あまりが経った今も、その情熱はかわっていません。スタッフに指示を出し、ときに叱り飛ばしながら、厨房を行ったり来たり。河田さんが手で生地をこねる姿はなかなかカッコよくて、いつ見ても、この熊さんみたいな手からあんなに美しくておいしいお菓子ができるなんて、と驚いてしまいます。

河田さんは、ミルフィーユもモンブランも日本ではほとんど知られていなかった昭和42年、菓子職人を目指して単身フランスに飛び立ちました。数々の店を渡り歩いたおよそ10年におよぶパリ時代の話も、聞くとべらぼうにおもしろいのだけれど、お菓子作りのほかに、いちばん夢中になったのが古いお菓子の本を読むことだった――そう聞いて、これはぜひとも蔵書を見せていただかなければと、今回図々しくも書斎にお邪魔させていただきました。

さて、書棚には古い洋書がずらりと並んでいます。最近のお菓子の本はほとんどありません。

「そりゃ今の本だって、見たいと思うことはありますよ。でも気が弱いからさ、絶対に真似しちゃう。それだといままで苦労して積み上げてきたものは何だったんだってことになっちゃうからね。自分の引き出しにあるものを工夫して、自分のお菓子を作らないと」

河田さんは重たそうな本を取り出しながら、

「古い本は僕の大事な引き出しのひとつです。言葉はフランス語だし、図版も素っ気ない版画だけれど、それがかえっていい。味はこんなかなとか、ここはこう作るんだろうなとか、いろいろ想像力をかき立ててくれますから」

そう言って見せてくれたのが、1815年刊のマリー＝アントナン・カレーム著『Le Pâtissier Royal Parisien』(直訳すると「パリ宮廷の菓子職人」)。

「カレームは19世紀初頭に活躍したパリの料理人で、近代フランス菓子の創始者とでもいうべき人物です。この人のお菓子はいま作ってもおいしいよ。カレームの料理本をもっと明確にわかりやすく書いた人が、料理人なら知らぬ者のないジョルジュ・オーギュスト・エスコフィエ。彼の『Le Guide Culinaire』(邦訳『エスコフィエ フランス料

Émile Darenne, Émile Duval
▶*Traité de Pâtisserie Moderne*
Flammarion, 1974/1909
河田さんが「お菓子のバイブル」と教えてくれたエミール・ダレンヌ&エミール・デュヴァルの本。

理』柴田書店）は、フレンチの調理場にはいまでも欠かせない本です。で、お菓子の世界でこの本に相当するのが『Traité de Pâtisserie Moderne』（邦訳『近代製菓概論』日本洋菓子協会連合会）。いわゆる古典菓子というのはこの頃のお菓子がもとになって定着して、昭和45年頃まで続きます。僕は元来飽きっぽいところがあって、パリ時代も、どこの店に行っても変わりばえのしないお菓子がいやになっちゃってね。ひとり地方菓子にのめりこんだこともありました。ボルドー銘菓として有名なカヌレなんて、当時のパリでは誰も知らなかったし、僕が紹介しても見向きもされませんでした」

河田さんは、いまでもフランスの地方に行くときは、フランスの地方料理や菓子を網羅した『Guide gourmand de la France』（Hachette, 1970）で下調べをして、ミシュランのガイドブックを読んで、その土地の風土や歴史をざっと頭に入れてから出かけるといいます。

「背景を知らなければ本当にそのお菓子をわかったことにはなりませんよ。たとえばカヌレだって、ボルドー地方はワインの産地でしょ。昔はワイン作りの工程で卵白が使われていて、残った卵黄の利用法として生まれたのがカヌレなんです」

そのカヌレは「オーボンヴュータン」の人気定番商品。ほかにもお店には、焼き菓子、ショコラ、コンフィズリー、アイスクリーム、デニッシュなどなど、いくつものお菓子が並んでいます。そんななか、今回特別に作っていただいたのが、洋梨のシロップ煮のタルト。

「これはジュール・グッフェの『Le Livre de Pâtisserie』に載っているお菓子です。グッフェもやっぱりカレームの弟子。この頃お菓子の本を出しているのはほとんどがカレームの弟子と思っていい。この本は好きで、いまでもときどき見ています」

本を開くと、「1970. 12. 2 à Paris de Kawata」と手書きの文字がありました。古書の楽しみは、パリで知り合った多《た》賀《が》谷《や》伊《い》徳《とく》、太田忠といった年上の画家たちに教わったのだとか。そういえば「オーボンヴュータン」はフランス語で「思い出の時」という意味でしたっけ。河田さんの思い出の詰まった「引き出し」を、ほんの少しだけご紹介させていただきました。

河田勝彦
▼『河田勝彦の菓子 ベーシックは美味しい』
平成14年 柴田書店
まさに柴田書店らしいプロ向けの本。本になってもその美味しさがあふれ出ている。美味しいものは力強く美しい。

『Le Livre de Pâtisserie』より

Gradin Garni de Tartelettes de Poires

25個分
▼洋梨25個 ▼水3ℓ ▼砂糖1.8kg ▼バニラビーンズ2本 ▼レモン汁1個分

❶鍋に水、砂糖、バニラビーンズ（さやを開く）、レモン汁を入れ、沸騰させる。

❷❶に皮をむいた洋梨を入れて落とし蓋をし、弱火で30分ほどゆっくり煮る。竹串を刺してすっと通ったらできあがり。保存は冷蔵庫で。

❖下に敷いたタルト生地は、シロップ煮をのせても大丈夫なように、固めに仕上げたパート・シュクレ。無塩バター、粉糖、卵、小麦粉、塩を生地にまとめあげ、型に敷いてオーブンでしっかり焼く。緑の飾りはメレンゲを絞ったもので、バーナーで焼き色をつけるのだとか。

Curnonsky présente

LA CORSE
gastronomique

La cuisine purement corse est d'un charme tout à la fois parfumé, substantiel, léger et harmonieux. Sans doute elle se complète de cuisine italienne, provençale, espagnole, voire même arabe ! Car ses « voisinages » et le passage des aventuriers de la mer ont influencé la gastronomie locale. Mais malgré tous ces apports de l'extérieur, la cuisine corse a su garder toute son originalité. Nous n'en donnerons pour preuve qu'une énumération rapide et très abrégée des mets et « spécialités » proprement corses.

La pibronata (sauce tomate aux piments), la soupe de miscishia (filet de chèvre boucané), le lonzo (filet de porc roulé), le prizuttu (jambon cru) dont la saveur aromatique et le délicieux parfum agreste égale celle des délicieux jambons de Thiviers et du jambon danois de Bornholm, les figatelli (petites saucisses de foie et de langue de porc), le sangue à la poêle (boudin très aromatisé), le stufatu (macaroni au jus avec champignons, oignons et fromage), u pestu (stockfish au coulis de tomates, anchois, noix, ail, huile), les langoustes à la calvaise (tomates et piments), pebronata de bœuf braisé au vin blanc, la copa (épaule de porc), les danizze frites (galettes de maïs ou de châtaignes), les bécasses à la cacciatore (rôties aux sarments de vigne sur baguette de myrte).

Les fromages corses sont justement célèbres : le brocciu frais ou sec, exquis fromage de chèvre. Et depuis 1910 environ, le roquefort de Corse, frère cadet de l'illustre roquefort languedocien.

Quant à la confiserie et la pâtisserie, elles sont d'une magnifique richesse. Nous nous contenterons de citer, au hasard de la cuiller : le campanille (brioche en pâte à pain, aux œufs, sucre et brocciu frais), le castagnacci (flan de farine de châtaignes cuit au four), fallulella (petits flans de gruau au lait, œufs et sucre), fritelle (beignets de farine de châtaignes, sucrés et au fenouil), fiadone (flan de gruau, lait, œufs, sucre, brocciu), les panza-

Nature morte aux Figatellis
Restaurant Carboni, 155 boul. St-Germain, Paris

154

155

櫻井信一郎さんのシャルキュトリーへの挑戦

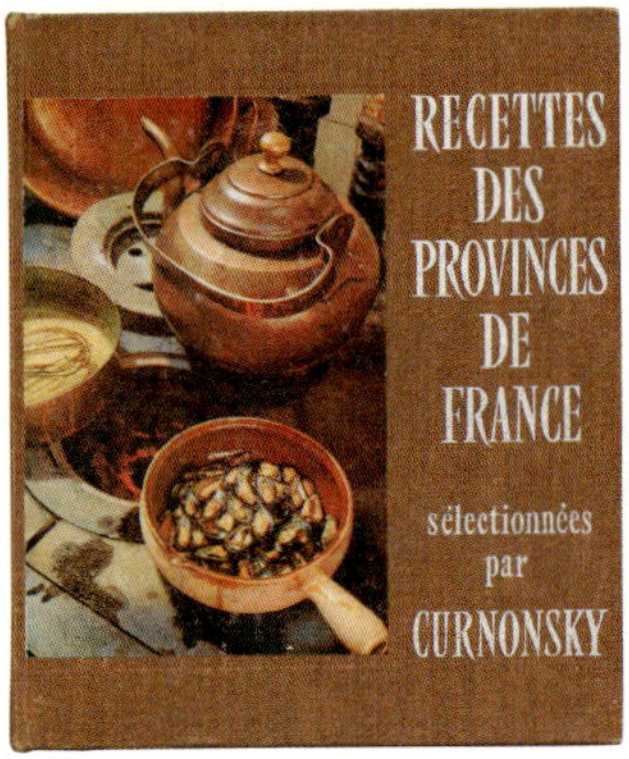

▼**Sélectionnées par Curnonsky *Recettes des provinces de France***
Les Productions de Paris, 1959
フランス好きのカメラマン、日置武晴さんにお借りした本。家庭の食卓にシャルキュトリーがいかに欠かせないか、眺めているだけでもわかります。

このあいだ行ったパリでおいしかったもの。クリニャンクールの蚤の市にある食堂で食べた日替わり定食。この日はレンズ豆とソーセージの煮込みで、くたくたに煮込んだ豆の中にソーセージが1本。豆に香味野菜とソーセージの味が染みこんでいて、ソーセージを切り分けて豆と一緒に口に含むと、寒さでこわばったからだがほどけてゆくようでした。それからサン・シュルピスの食堂で食べたアンディーブとジャンボン（ハム）のグラタン。甘くてほんのり苦いアンディーブと、塩味のジャンボンがベシャメルソースと絡みあってこれまたおいしかった。パリの美食といえば、星つきのグランメゾンを思い浮かべがちだけれど、私はこのくらいの庶民の味が好きなんだなあとあらためて思いました。

じつは若いころはフランスが苦手でした。20代はアメリカ贔屓だったので、30を過ぎて料理関係の仕事をするようになったとき、まわりの人たちがみんなフランス好きなことにびっくりしました。考えてみれば食の世界だもの、あたりまえなんですが。それで仲間に影響されてちょっとずつフランスに対する苦手意識を克服していったのですが、いちばん大きかったのが、原宿にあったレストラン「オー・バカナル」の存在。味はもちろん、雰囲気が最高でした。かっこいい大人のたまり場で、本当は好きになりたかったのに、なりそびれてしまったフランスの気分がそこにはありました。「あの人の豚料理がすごくおいしいんだよ」と教えてもらい、櫻井信一郎という料理人を知ったのも、豚肉加工品を総称する「シャルキュトリー」というフランス語を覚えたのも、このころでした。

パリに行く機会が増え、気になりだしたのが、フランス人ってふだん何食べてるんだろう、ということでした。街を歩けばお総菜屋さんやシャルキュトリーのお店がものすごく多いし、まさか毎日レストランに行くわけじゃないだろう。今回、そんな話を櫻井さんに向けたら、「意外に質素なものですよ」と。

櫻井さんは、いまは青山にあるレストラン「ローブリュー」のオーナーシェフ。昭和63年、26歳のときに渡仏して、リヨン近郊やランド地方、バスク地方などのレストランで修業した経験をお持ちです。そのときやっぱり、ふつうのフランス人の食事が気になったそうですが、「簡単なもんでしたね。僕はパリで暮らしたことがないので、地方の話ですが、どこの家も前菜、メイン、2品でハイおしまい。前菜って言ったって、アーティチョーク茹でただけのものとか、ラディッシュにバターと塩と酢をつけて食べるとか、その程度。メインは魚を蒸しただけとか。もうちょっとちゃんとやれよって思わず言いそうになりましたよ」。

Michel Poulain, Jean-Claude Frentz
▶*Le Livre du Charcutier*
Jacques Lanore, 1991
櫻井さんの教科書。フランス語ですが、本場のシャルキュトリーに挑戦したい方はどうぞ。

櫻井さんがフランスで驚いたのは、ごくふつうの食材の美味しさ。

「スーパーで買う中程度の値段の鶏肉だって、ものすごくうまい。僕にとっては星いくつの王侯貴族の食事を学ぶより、庶民レベルの食事を知ることのほうがはるかに価値がありました」

その庶民レベルの食事に欠かせないのが、シャルキュトリーというわけ。冒頭の料理に入っていたソーセージやジャンボンもシャルキュトリーですし、フランス地方料理のレシピをまとめた『Recettes des provinces de France』のなかにもふんだんに登場します。櫻井さんに言わせれば、「アイツら（と櫻井シェフはフランス人のことを親愛をこめてこう呼ぶ）これ食わないと死んじゃうんじゃないか」というくらいの消費量で、そういえば「ローブリュー」にはしょっちゅうフランス人が来て、特大の田舎風パテなどを頼んでは、ぺろりと平らげています。

櫻井さんは、お店で出すシャルキュトリーのすべてを自分で作っています。理由は「作るのが好きというのもあるけれど、日本の市販品がまずいのと、輸入品がバカ高くて頭に来たから」。シャルキュトリーについてはフランス時代にひととおり学んでいたそうです。

「修業先のレストランに出入りしていたシャルキュトリー屋のおやじさんに頼み込んで雇ってもらいました。フランスでは職業がきっちりわかれていますから、料理人がシャルキュトリーを作るなんてことはまずあり得ない。シェフからは気でも違ったんじゃないかという目で見られましたね」

『Le Livre du Charcutier』はその当時パリで買った本。

「ごく基本的なことが書かれている教科書なので、これを基準にあれこれ試行錯誤しているという感じです。いざ日本で作っても、最初はうまくいきませんでしたねえ。フランスと日本では素材も薬品も違うし、とくに生ハムは気候の差がありすぎて、専用の工場でもない限り、非常に管理がむずかしい。今度のはとてもよく出来たと思いますが、それでも完璧なものが出来上がるまでにはあと20～30年はかかるんじゃないですかね」

前菜にもメインにもなり、ときには料理のダシにも塩分にもなるシャルキュトリー。日本でいうと、さしずめ大豆製品というところかな？　ご飯と漬物と味噌汁のかわりに、パンとチーズとシャルキュトリー。たまには家でそんな食事もいいなあ、なんて話をすると、櫻井さんいわく「店に出すのはいいけれど、法律上、販売はできないんです」って。巷にはこだわりのワイン屋も、チーズ屋もある時代、次はおいしいシャルキュトリー屋さんができればいいのに！と、心から願う今日この頃です。

櫻井信一郎
▼『レストランのシャルキュトリー』
平成22年　柴田書店
私もスタイリングで参加しました。豚半分の解体から始まります。しゃきっとしている櫻井さんらしい本。

手前のピクルスから時計回りに、アンドゥイエット（内臓肉などの腸詰め）、ブーダン・ノワール（血入りソーセージ）、グレスロン（豚のど肉と皮のパテ）、パテ・ド・カンパーニュ（田舎風パテ）、ジャンボン・ブラン（豚モモ肉のハム）。中央はイタリア・ボローニャ伝統のモルタデッラ（ラード入りソーセージ）。すべて櫻井シェフの自家製。

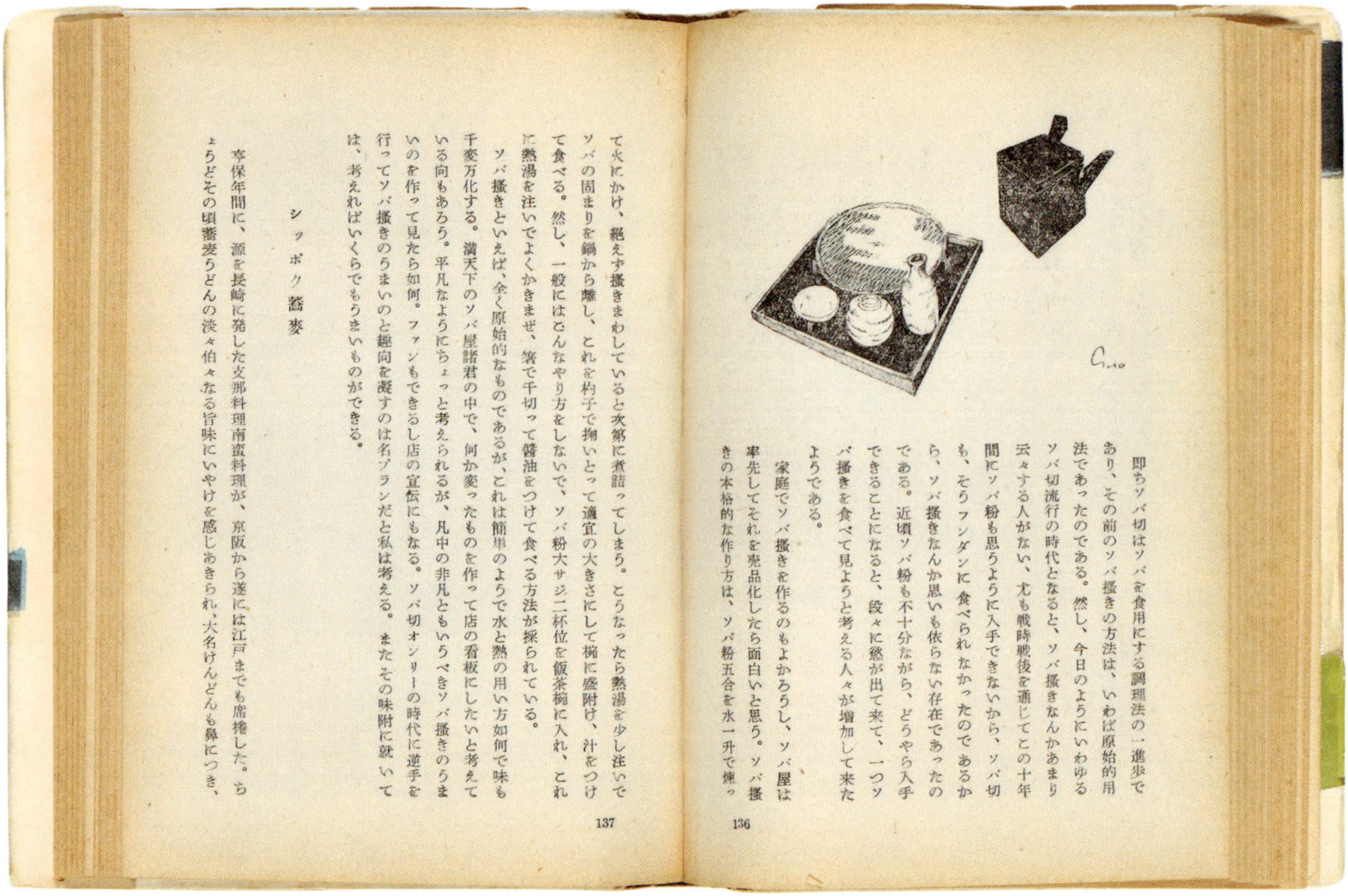

即ちソバ切はソバを食用にする調理法の一進歩であり、その前のソバ掻きの方法は、いわば原始的用法であったのである。然し、今日のようにいわゆるソバ切流行の時代となると、ソバ掻きなんかあまり云々する人がない、尤も戦時戦後を通じてこの十年間にソバ粉も思うように入手できないから、ソバ切も、そうフンダンに食べられなかったのであるから、ソバ掻きなんか思いも依らない存在であったのである。近頃ソバ粉も不十分ながら、どうやら入手できることになると、段々に慾が出て来て、一つソバ掻きを食べて見ようと考える人々が増加して来たようである。

家庭でソバ掻きを作るのもよかろうし、ソバ屋は率先してそれを売品化したら面白いと思う。ソバ掻きの本格的な作り方は、ソバ粉五合を水一升で煉っ

136

て火にかけ、絶えず掻きまわしていると次第に煮詰ってしまう。こうなったら熱湯を少し注いでソバの固まりを鍋から離し、これを杓子で掬いとって適宜の大きさにして椀に盛附け、汁をつけて食べる。然し、一般にはこんなやり方をしないで、ソバ粉大サジ二杯位を飯茶椀に入れ、これに熱湯を注いでよくかきまぜ、箸で千切って醤油をつけて食べる方法が採られている。

ソバ掻きといえば、全く原始的なものであるが、これは簡単のようで水と熱の用い方如何で味も千変万化する。満天下のソバ屋諸君の中で、何か変ったものを作って店の看板にしたいと考えている向もあろう。平凡なようにちょっと考えられるが、凡中の非凡ともいうべきソバ掻きのうまいのを作って見たら如何。ファンもできるし店の宣伝にもなる。ソバ切オンリーの時代に逆手を行ってソバ掻きのうまいのと趣向を凝すのは名プランだと私は考える。またその味附に就いては、考えればいくらでもうまいものができる。

シッポク蕎麦

享保年間に、源を長崎に発した支那料理南蛮料理が、京阪から遂には江戸までも席捲した。ちょうどその頃蕎麦うどんの淡々伯々なる旨味にいやけを感じあきられ、大名けんどんも鼻につき、

137

蕎麦屋で一杯

▼多田鉄之助

『蕎麦漫筆』

昭和29年　現代思潮社

多田鉄之助（明治29年〜昭和59年）は食味評論家を名乗った、いまで言うフード・ジャーナリスト。蕎麦のイロイロを我流に解説。

蕎麦に関する本は、グルメガイドから打ち方に関するもの、文化史的なものまで山のようにありますが、1年ほど前に見つけた『蕎麦漫筆』は、カバーが四角い湯桶の絵だけというのがかっこいい。見ているだけで古きよき蕎麦屋への憧れを掻き立てられます。

　とはいえ最近の私のお楽しみといえば、週に一度、宇都宮駅ホームにひっそり佇む立ちそば屋で朝ごはんを食べることなのだから、私に蕎麦の蘊蓄を語る資格はありません。ちなみによく頼むのは立ちそばならではの味（?）、コロッケそば。ぐずぐずにならない程度にコロッケをおつゆに浸し、崩しながら食べる幸せといったら！　若いころはおいしいもの好きな先輩に連れられてさんざん美食も経験し、いまだって一流の料理人たちとお仕事をさせてもらっているにもかかわらず、私の食の好みの根っこは庶民派というか、グルメ道とはずいぶん離れているんだなあとしみじみ思っています。まわりはおじさんばかりで女は自分だけなんてことはザラですが、ぜんぜん平気。じつは私の立ちそば好きは、いまに始まったことではありません。昔はいまよりはるかに忙しく外をかけまわっていたので、お昼はゆっくり食事をとるひまがない。車のなかでサンドイッチを頬張るか、蕎麦屋でさっとすませるのが定番でした。余裕のあるときは立ち食いじゃない蕎麦屋にも行きましたが、べつに老舗である必要はなく、どこの町にもあるふつうの蕎麦屋でじゅうぶん嬉しかった。「女おひとりさま」の走りですね。

　そんな私の長年のあこがれは、昼間に蕎麦屋へ行ってひとり静かに杯を傾けること。そんなこと?と思われるかもしれませんが、若い女が蕎麦屋でひとり酒というのは、ちゃんとしたフレンチレストランに子供がいるような場違いな感じがして、どうしてもする気になれなかったのでした。しかし気づけば私ももう50代。最近は『蕎麦漫筆』の湯桶の絵が目の端に入るたびに「蕎麦屋で一杯」がやってみたくて、居てもたってもいられない。

　昼酒への憧れは、父親の影響があるかもしれません。休日の昼間、子供だった私を連れて蕎麦屋やら洋食屋やらに入り、お酒を飲む父はとても幸せそうでした。それから10代の頃に読んだ

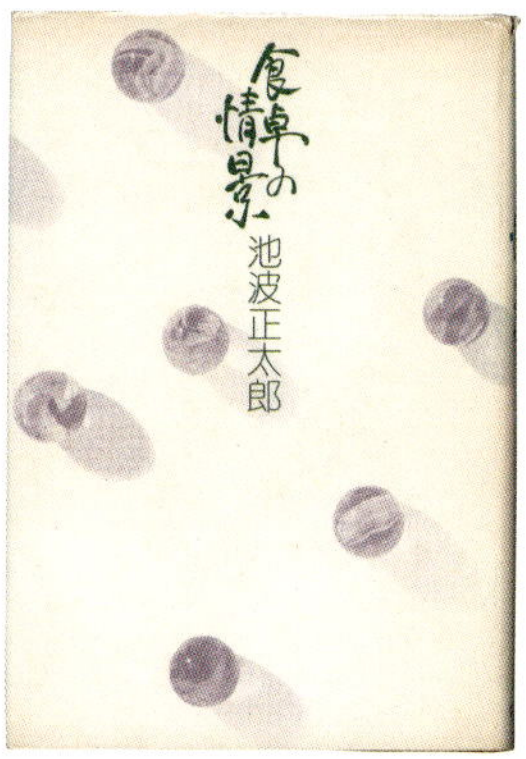

池波正太郎
▼『食卓の情景』
昭和48年　朝日新聞社
蕎麦屋で一杯を実践し、憧れの図とした池波さん。おいしいものへの貪欲さはさすが。

池波正太郎の『食卓の情景』。これは私がはじめて感銘を受けた食の本で、〈ひとりで町を歩いていて、ひとりで酒がのみたくなったら、私はまず蕎麦屋でのむ〉で始まるよく知られた一文も収められています。

先日、友人と連れだって池波さんが贔屓にしていた神田の老舗「まつや」に行きました。蕎麦屋にこだわりのない私でも、まつやのような昔ながらの店はやっぱり特別。池波さんが〈〔まつや〕は、近くの連雀町の〔藪〕の名声にかくれてしまい、地味にやっているが、／「知る人ぞ知る……」／名店だと、私はおもっている〉（『食卓の情景』）と書いたのもいまは昔。もはや立派な老舗と言ってよく、店内はつねに満席状態で、お蕎麦だけさっと食べて出て行く人もいれば、まずビールからという人も少なくない。大旦那の小《こ》高登志《だかとし》さんによれば、池波さんはどちらかというと長居するほうだったとか。

「反対に映画評論家の荻昌弘さんは来たと思ったらもういない。蕎麦屋に長居は無粋だと思っていらした節がありますね。お客さんもいろいろです」

まずはみんなでお銚子1本と、蕎麦がきを注文。酒の肴の定番・玉子焼きは、まつやでは予約のみ。蕎麦屋の玉子焼きは、もとはおかめ蕎麦の具のひとつを転用したものだそうで、蕎麦を抜いた具だけのものは「おか抜き」といってやはり酒の肴の定番です。あとで小高さんに伺った話では、蕎麦屋で飲む酒は「蕎麦前」と言って、いい蕎麦屋では昔からお酒を出していたとのこと。

「でも、いま蕎麦屋でお酒を召し上がる方の中には、池波先生に影響された方も多いんじゃないでしょうか。先生は酒を飲まないなら蕎麦屋に行くなというくらいの人でしたから」

ほかにも古今亭志ん朝は、神保町の古書店へ寄ったあと、「まつや」で酒を飲みながら本をめくるのを楽しみにしていたという。今度、私も神保町帰りに真似してみよう。

あ、そうそう。古本といえばカバーに気を取られてろくに中身を見ていなかった『蕎麦漫筆』。ちゃんと読んでみたらお酒の話は一切なくてアララでしたが、漫筆というだけあって、正統派蕎麦本にはないであろう笑っちゃうようなエピソードが満載でした。たとえば「お園のソバ」と題された一編は、お代わりの蕎麦玉を放って百発百中で客の椀に入れるというスゴ技を持った蕎麦屋の女中の話。「出前持三太覚え帳」は、出前持ちの三太なる男が出前先で遭遇した夫婦喧嘩や発明品など、くだらない（失礼！）出来事をとぼけた筆致で綴ったもので、なんとも可笑しい。もちろん、江戸時代の蕎麦事情から蕎麦屋の系統といった真面目な話もあり、蕎麦屋にたとえると気軽な立ちそば屋と老舗の蕎麦屋の両方楽しんだような、お得な一冊です。

まつやの玉子焼きは小判型。小高さんは「まだ味ができていないんですがね」と謙遜するがファン多し。予約のみ。

東京・神田の「まつや」は創業およそ130年。『蕎麦漫筆』
のカバーと同じ、昔ながらの四角い湯桶が使われています。
脇役なのになかなかの存在感。

料理の本と出会う場所

はじめて見るような珍しいもの、挿絵がかわいいもの、文章だけのもの、手書きの帳面、装丁が大胆なもの、文章にうっとりするもの、わかりやすい説明に膝を打つもの。新刊書店の料理本コーナーとはひと味もふた味も違う、そんな思いがけない本との出会いがあるのが骨董市と古本屋。というわけで私の行きつけをちょっとだけご紹介したいと思います。

まず、骨董市なら富岡八幡宮と東京国際フォーラムの大江戸骨董市。骨董商の夫の買い付けについていくのですが、開催は日曜日なので、私は休日朝の散歩気分で、露店のあいだをぶらぶら。あるときからは古本、古文書、手帖などいわゆる「紙もの」を扱うお店にねらいを定めるようになりました。ただ、紙ものを扱う人はそんなにはいないので、富岡八幡宮で行くのは2カ所。ひとつは本というより、旧家から出た古文書や手帖みたいなものを扱うおじさんのお店。どこかのお母さんが書いたような手書きの料理帖なんか、見ていてけっこう楽しいものです。もうひとつはメインストリートからちょっとはずれたところでやっているおじさんの店で、置いてあるのは古本。料理や手芸などの女性向けの本が充実しています。

紙ものに限らず骨董市では店主に自分を印象づけておくことが重要なので、

▶富岡八幡宮骨董市

東京都江東区富岡1-20-3
第1（1月は除く）、第2、第4、第5日曜日（15・28日は除く）の日の出から。「紙もの」を扱う露天はこんな感じ。雨天中止。

▶大江戸骨董市

東京都千代田区丸の内3-5-1
東京国際フォーラム　1階地上広場
第1、第3日曜日の朝9時から。こちらは美術工芸本の充実した露天。

「食べもののもの、なにかありますか」と何度か声をかけておくと、そのうち覚えてくれて「今日はこういうのがあるよ」と奥の箱のなかからおもしろいものを取り出してくれたりします。あと、最初のうちは気持ちよく買うことも大事。

大江戸骨董市では、岡山からはるばる来るというお兄さんのお店が、地方で出まわっていたような珍しい本があったりしてなかなかいいのですが、いつも出店しているわけではないので出会えないことも。ほかに必ず立ち寄るのは工芸の本が充実したおじさんのお店で、のぞくと必ずほしい本がみつかります。

神保町では悠久堂書店と鳥海書房が料理関係ではすばらしい品揃え。鳥海書房は稀覯書《きこうしょ》もすごくて、鮭の皮を装丁に使った鮭の本を見せてもらったときはびっくりしました。棚は紅茶、スパイス、お酒……とジャンルごとにわかれていて、ずっしりとしたハードカバーの専門書も多い。悠久堂書店の方は最近の本や一般書も充実しているので、より気軽に立ち寄れます。このあいだもここで『ソースの本』と『シチューの本』（34頁の『スパイスの本』と同じ婦人画報社のシリーズ）を見つけて思わず買っちゃいましたが、昭和30年代の本はやっぱりすごくいいですね。戦争が終わって生活が落ち着いてきて、みんな気持ちが上向きだったんでしょう。ちゃんと手とお金がかけられていて、時代の気分が本に表れているような気がします。

ネットで早く安く買うこともできる時代ですが、やっぱり実物を見ながら選ぶのがいちばん楽しい。いつもこの2つの書店でたっぷり2時間は費やして、最後に柏水堂でひとやすみ、が私の定番です。棒になった足を休めつつ、なつかしいバタークリームケーキ（トイプードルのやつ）を味わいながら、買った本をぱらぱらめくるのは至福のひとときです。

▶鳥海書房（姉妹店）
東京都千代田区神田神保町2-11-4
電話03-3264-4450
店の奥には江戸時代の版本や稀覯書も。一方、店先のワゴンの中も見逃せません。

▶悠久堂書店
東京都千代田区神田神保町1-3-2 悠久堂ビル
電話03-3291-0773
料理本コーナーの棚。和もの、洋ものと、ざっくりした感じで分類されています。

私が手がけた料理の本

料理のスタイリングをはじめて
20ウン年。手がけた料理本は
数知れず。
どれも思い出深いのですが、
ここではそのなかから
ほんの一部をご紹介します。

長尾智子
『New Standard Dish』
平成9年　柴田書店

長尾さんは稀にみるセンスの持ち主。今、そして今後、自分がどういう本を作り、どういう方向に進みたいかをいつでもちゃんと把握している。その長尾さんとはじめてご一緒した本がこれ。最初に料理をいただいた時はビックリした。私が食べて育った母親の料理にはまったくない味だったから。思いがけない素材や調味料の組み合わせ、目新しい料理方法……この本の料理はまさに私の時代の「ニュー・スタンダード・ディッシュ」だった。

栗原はるみ
『献立が10倍になる たれの本』
平成元年 文化出版局

初めてスタイリングを担当した、私の料理本デビュー作。雑誌とは違い、全体の流れを考えながら作る単行本の楽しさを知る。しかし今見ると花をあしらったり、主張の強すぎる布づかいだったり……料理をおいしく見せようなんて考えは全くない様子。続けて『ソースの本』、『栗原さんちのおやつの本』、『栗原さんちの朝20分のお弁当』も担当。まだ栗原さんに決まったアシスタントのいなかった頃で、料理準備のお手伝いなどもしていた。

長尾智子　廣石尚子　高橋みどり
『おいしい時間のつくりかた』
平成11年　メディアファクトリー

料理本づくりが楽しくてしょうがないころに、料理家、カメラマン、スタイリストの3人で時間をやりくりして定期的に集まり、毎回テーマを決めて撮りためていったもの。暮らしの中でもっと食べることを楽しもうという提案をしたかったのだけれど、当時興味を持ってくれる出版社もなく、版元も決まらぬまま自主制作。最終的にはメディアファクトリーから出していただきましたが、ストレス発散、やっといてよかった！

『いいものみつけた』シリーズ
平成9～15年　雄鶏社

『いいものみつけた』シリーズは、私が担当しただけでも10冊になる。平松洋子著『アジアひとさじのチカラ』（平成12年）、ハギワラトシコ＊CUEL著『私のデリカテッセン』（平成12年）、たなかれいこ著『穀物ごはん』（平成14年）など。ちょっと小ぶりな、こんな本っていいねっていう感じの気軽な存在。伝えたいことが明快な本。小さくても意味のある本。でも、あるとき版元が倒産して本屋さんから消えてしまった、かわいそうな本。

有元葉子
『わたしのベトナム料理』
平成8年　柴田書店

有元葉子さんとご一緒させていただいたベトナム旅行から帰り、興奮さめやらぬままにこの本のスタッフとして参加。スタイリングは編集を担当した中島富美子さんとのダブルキャストでした。生春巻きを巻く時に有元さんに深紅のマニキュアを塗っていただいたのは中島さんのアイデア。彼女の本づくりへの限りないこだわりと、自分を信じて我が道を貫く姿勢には大いに影響された。

行正り香
『やっぱり、和食かな。』
平成17年　文化出版局

行正さんとは彼女が広告代理店に勤めるかたわら、料理家デビューした時からのおつきあい。仕事をきちんとし、でも、自分の生活のベースがしっかりある行正さんの存在は、同じ働く女性として心強い。『やっぱり、和食かな。』の、一目でわかる料理写真や、オリジナルの「和食バッチリルール表」はそんな彼女ならではのもの。経済感覚も普通を外れることなく、気どらず、いつも前向きなのもすてきです。

小林カツ代
『美人粥』
平成13年　文化出版局

すでに大家の小林さんの本に私などが……と思ったものの、「今までとは違う本にしたい」とうかがって、即座にやらせていただくことにした。お会いしてみるとモダンでシャキシャキとした方で、「お粥は作る人も食べる人も美人にします」というひとことに納得。まわりが作った「小林さん＝肉じゃが」というイメージを鵜呑みにしていた自分を反省。と同時に、自分たちの仕事がそのイメージを作っているのだと責任も感じました。

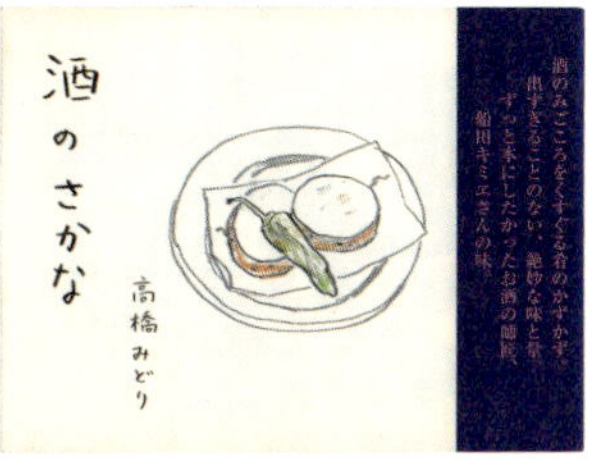

高橋みどり
『酒のさかな』
平成19年　メディアファクトリー

手前ミソですみません。が、料理担当はかつてケータリングの仕事を一緒にしていた船田キミエさん。私にお酒のおいしさ、たのしさを教えてくれた師匠でもあります。いろいろな飲み屋さんをめぐりましたが、彼女のあて以上のものに出会ったことはない。酒のさかなの本ならば、写真はいらない、絵入りで、小さめで横長、作り方はこざっぱり……と考えて、装丁もやはりお酒を愛してやまない方にと牧野伊三夫さんにお願いしました。

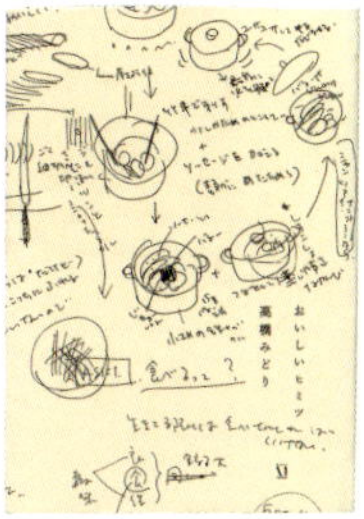

高橋みどり
『おいしいヒミツ』
平成17年　メディアファクトリー

食べること、料理をすること、食べものまわりのこと、そしてそんな食の向こう側にあることに興味がある。大好きな料理家5人に、あなたにとってのおいしいを教えてください、と押しかけてお話をうかがい、料理をしていただいたのがこの本。5人それぞれ違うカメラマンに撮ってもらったのも贅沢だった。その後、『酒のさかな』、『ヨーガンレールの社員食堂』、『伝言レシピ』と、聞き書きものを手がけるきっかけになった思い出の一冊。

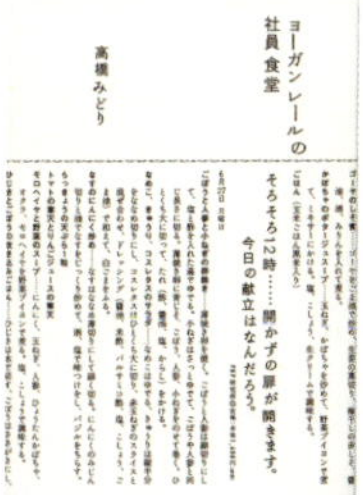

高橋みどり
『ヨーガンレールの社員食堂』
平成19年　PHP研究所

発想のみなもとは沢村貞子さんの『わたしの献立日記』。30歳のころにこの本を読んで感じるものがあった。ただ毎日の献立を記録しただけのものなのに、そこにその人らしい誠実な生き方を感じとったのだった。初めてヨーガンレールの食堂に伺った時に、こんなに思いやりのある食堂をつくった人に、そしてそれが存在しつづけていることに感動した。この記録を通して食のありかたを考えてもらいたかった。

高山なおみ
『野菜だより』
平成17年　アノニマ・スタジオ

高山さんの真正直、直球な本。撮影の日はあらかじめ器を決めたりはせず、私が高山さんらしいなと思うものをいくつも持ち込んだ。高山さんがそれらに触発されて魅力的な一皿が生まれ、さらにそれに刺激されたカメラマンが撮る、というより撮らされて出来あがったのがこの本。その後テーマ違いの続編も出てシリーズのようになったが、毎回、真剣・真摯な高山さんの姿に我々スタッフも緊張。でもこの緊張感がとても気持ちいいんだな。

高橋みどり　たかはし・みどり

フードスタイリスト。1957年東京都生れ。女子美術大学短期大学部で陶芸を専攻後、テキスタイルを学ぶ。大橋歩事務所のスタッフ、ケータリング活動を経て、1987年フリーに。おもに料理本のスタイリングを手がける。著書に『うちの器』（メディアファクトリー）、『伝言レシピ』（マガジンハウス）、『ヨーガンレールの社員食堂』（PHP研究所）、共著に『毎日つかう漆のうつわ』『沢村貞子の献立日記』（ともに新潮社とんぼの本）など。

写真　広瀬達郎（新潮社写真部）
ブックデザイン　有山達也＋中島美佳（アリヤマデザインストア）

*本書は、「芸術新潮」に連載された「高橋みどりの食道楽」（2010年2月号～2012年4月号）に加筆修正したものです。コラム「料理の本と出会う場所」（p124）は本書のための書下しです。

*撮影協力　神奈川近代文学館（p10『増補註釈　食道楽』）味の素食の文化センター（p70『フランス式魚貝料理法』、p96『豆腐百珍』）

私《わたし》の好《す》きな料《りょう》理《り》の本《ほん》

著者　高橋《たかはし》みどり
発行　2012年10月30日
2刷　2014年3月20日
発行者　佐藤隆信
発行所　株式会社新潮社
〒162-8711 東京都新宿区矢来町71
電話　編集部 03-3266-5611
読者係 03-3266-5111
http://www.shinchosha.co.jp
印刷所　大日本印刷株式会社
製本所　大口製本印刷株式会社

ISBN978-4-10-333041-7 C0077